atribuições do assessor jurídico, do analista judiciário e do técnico judiciário

O selo DIALÓGICA da Editora InterSaberes faz referência às publicações que privilegiam uma linguagem na qual o autor dialoga com o leitor por meio de recursos textuais e visuais, o que torna o conteúdo muito mais dinâmico. São livros que criam um ambiente de interação com o leitor – seu universo cultural, social e de elaboração de conhecimentos –, possibilitando um real processo de interlocução para que a comunicação se efetive.

atribuições do assessor jurídico, do analista judiciário e do técnico judiciário

Carlos Eduardo Massad

2ª edição

EDITORA intersaberes

Rua Clara Vendramin, 58
Mossunguê . CEP 81200-170
Curitiba . PR . Brasil
Fone: (41) 2106-4170
www.intersaberes.com
editora@editoraintersaberes.com.br

- Conselho editorial
  Dr. Ivo José Both (presidente)
  Dr.ª Elena Godoy
  Dr. Nelson Luís Dias
  Dr. Neri dos Santos
  Dr. Ulf Gregor Baranow
- Editor-chefe
  Lindsay Azambuja
- Editor-assistente
  Ariadne Nunes Wenger
- Projeto gráfico
  Raphael Bernadelli
- Capa
  Denis Kaio Tanaami (*design*)
  Comstock (imagem)
- Diagramação
  Estúdio Nótua
- Iconografia
  Regina Claudia Cruz Prestes

Dados Internacionais de Catalogação na Publicação (CIP)
(Câmara Brasileira do Livro, SP, Brasil)

Massad, Carlos Eduardo
  Atribuições do assessor jurídico, do analista judiciário e do técnico judiciário/Carlos Eduardo Massad. 2. ed. Curitiba: InterSaberes, 2017.

Bibliografia.
ISBN: 978-85-5972-514-8

  1. Cargos públicos 2. Escolha de profissão 3. Serviço público, Cargos e funções – Brasil I. Título.

17-08515   CDU-351.81

Índice para catálogo sistemático:
1. Serviço público: Cargos e funções: Direito 351.81

EDITORA AFILIADA

1ª edição, 2016.
2ª edição, 2017.

Foi feito o depósito legal.

Informamos que é de inteira responsabilidade do autor a emissão de conceitos.

Nenhuma parte desta publicação poderá ser reproduzida por qualquer meio ou forma sem a prévia autorização da Editora InterSaberes.

A violação dos direitos autorais é crime estabelecido na Lei n. 9.610/1998 e punido pelo art. 184 do Código Penal.

apresentação 9

como aproveitar ao máximo este livro 13

Capítulo 1 **Conceitos básicos - 15**
    1.1 Assessor jurídico - 19
    1.2 Analista judiciário - 20
    1.3 Técnico judiciário - 26
    1.4 Estrutura do gabinete dos magistrados - 27
    1.5 Jurisdição e competência - 32

Capítulo 2 **Funções e requisitos - 39**
    2.1 Atividades de assessoramento - 40
    2.2 Atividades administrativas e técnicas - 48
    2.3 Requisitos - 52

sumário

Capítulo 3 **Áreas de atuação - 65**

3.1 Justiça Federal - 66
3.2 Tribunais superiores - 68
3.3 Justiça Estadual - 68
3.4 Atendimento ao público - 81

Capítulo 4 **Assessoramento em primeiro e segundo graus - 89**

4.1 Assessoramento em primeiro grau - 90
4.2 Assessoramento em segundo grau - 94

Capítulo 5 **Ética e sigilo profissional - 105**

5.1 Ética no serviço público - 106
5.2 Sigilo profissional - 116
5.3 Segredo de justiça - 120

Capítulo 6 **Pesquisa de doutrina e de jurisprudência - 129**

6.1 Aplicabilidade e procedimentos - 133
6.2 Exemplos práticos - 136

Capítulo 7 **Elaboração de peças e documentos e participação em atos processuais - 157**

7.1 Peças jurídicas - 157
7.2 Documentos oficiais - 163
7.3 Participação em atos processuais - 165

Capítulo 8 **Responsabilidades e penalidades cabíveis ao servidor público - 175**

8.1 Responsabilidades - 176
8.2 Penalidades - 180
8.3 Processo administrativo disciplinar - 186

para concluir... 195

referências 197

anexos 209

respostas 257

sobre o autor 273

O objetivo desta obra é expor, em linhas gerais, as atribuições do assessor jurídico, do analista judiciário e do técnico judiciário, destinando-se especialmente aos leitores que não pertencem à área jurídica, de modo que possam conhecer as funções desenvolvidas por aqueles que atuam nesses cargos.

Esses profissionais são servidores públicos que mantêm vínculo de trabalho com os órgãos governamentais, integrados em cargos da União, dos estados e do Distrito Federal.

A Lei Federal n. 8.112, de 11 de dezembro de 1990 (Brasil, 1991), regulamenta o regime jurídico dos servidores públicos civis da União, das autarquias e das fundações públicas federais. Os empregados públicos federais são regulados pelos ditames da Consolidação das Leis do Trabalho (CLT) – Decreto-Lei n. 5.452, de 1º de maio de 1943 (Brasil, 1943) – e da Lei Federal n. 9.962, de 22 de fevereiro de 2000 (Brasil, 2000a).

O assessor jurídico atua no âmbito dos tribunais e deve ter formação superior em curso de Direito, pois age diretamente nos processos em auxílio aos julgadores de segundo grau, realizando análise e pesquisa de legislação, doutrina e jurisprudência, bem como elaborando pareceres jurídicos.

O técnico judiciário, por sua vez, necessita de formação em nível médio ou curso técnico equivalente e pode trabalhar tanto no primeiro grau, em varas, promotorias, cartórios, tabelionatos etc., quanto no segundo grau, em tribunais e procuradorias, atuando nas mais diversas áreas administrativas e de suporte técnico do Poder Judiciário.

A carreira de analista judiciário é diversificada por áreas de especialidade. O requisito para o cargo é a conclusão de curso superior na área de atuação, podendo, a depender do órgão, abranger profissionais das mais diversas áreas, como medicina, odontologia, biblioteconomia, engenharia civil e arquitetura.

Na esfera federal, a Lei n. 11.416, de 15 de dezembro de 2006 (Brasil, 2006c), regula o quadro do Poder Judiciário da União, prevendo, em seu art. 2º, os cargos de analista judiciário, técnico judiciário e auxiliar judiciário para provimento efetivo.

A Lei Federal n. 11.415, também de 15 de dezembro de 2006 (Brasil, 2006b), dispunha sobre as carreiras dos servidores do Ministério Público da União, prevendo, em seu art. 2º, os cargos de analista, técnico e auxiliar, todos do Ministério Público. Essa lei foi revogada pela Lei Federal n. 13.316, de 20 de julho de 2016 (Brasil, 2016), que extinguiu a carreira de auxiliar do Ministério Público da União, mantendo as de analista e técnico.

O ingresso nas carreiras de assessor jurídico, analista judiciário e técnico judiciário pode ocorrer de duas formas: 1) mediante concurso público de provas ou de provas e títulos e 2) por meio da investidura em cargos em comissão. O desempenho desses profissionais, nas distintas esferas do Judiciário, é de extrema importância, pois órgãos desse poder necessitam aumentar cada vez mais sua efetividade na prestação jurisdicional.

Com o crescimento populacional, o aumento das demandas é inevitável; até mesmo o desenvolvimento social e econômico do país acaba por fomentar o grande número de processos. Por consequência, o tempo para resolução dos conflitos aumenta. Nesse panorama, o Estado, na maioria dos casos, não consegue aparelhar adequadamente a estrutura do Poder Judiciário, não somente quanto ao número de juízes, mas também quanto ao número de servidores que atuam nos diversos âmbitos e graus de jurisdição.

Diante disso, as funções do assessor jurídico e do analista judiciário tornam-se essenciais, pois, como operadores do direito, prestam assessoria aos magistrados, possibilitando que estes exerçam sua judicatura de forma mais efetiva. A atuação do técnico judiciário é igualmente importante, pois suas tarefas de suporte técnico, operacional e administrativo viabilizam o transcurso dos processos.

No caso do Ministério Público, não somente a atuação nos processos demanda maior número de profissionais, mas também a fiscalização da lei, a defesa da ordem jurídica, a proteção dos interesses sociais e individuais indisponíveis e o controle externo da atividade policial.

As atividades profissionais do assessor jurídico, do analista judiciário e do técnico judiciário englobam diferentes funções, todas elas voltadas ao assessoramento jurídico e administrativo, tendo em vista a maior efetividade da Justiça. Tais atribuições, em muitas situações, até mesmo se confundem e de certa forma se completam, pois, embora a atribuição principal do assessor jurídico e do analista judiciário seja a elaboração de peças jurídicas, como despachos e sentenças, esses profissionais devem desenvolver também diferentes atividades administrativas, de atendimento ao público e acompanhamento processual.

Este livro busca esclarecer, de maneira sucinta e didática, em que consiste o desempenho profissional do assessor, do analista e do técnico judiciário, além de descrever como se configuram seus afazeres e as peculiaridades de seu dia a dia. Em razão da experiência do autor, a abordagem terá como foco principal o âmbito do Poder Judiciário estadual e, mais especificamente, o Tribunal de Justiça, órgão colegiado para o qual, até mesmo pelo número reduzido de julgadores e pelo afunilamento dos feitos, a assessoria é essencial.

Os temas contemplados nesta obra foram divididos em oito capítulos, ao final dos quais se encontram exercícios para revisão e reflexão. Além disso, você, leitor, também conta, em cada capítulo, com uma seção destinada aos textos legais que regulam o assunto abordado. O intuito é fazer com que cada tema tenha uma absorção adequada e possa estimular a análise mais apurada dos elementos.

No primeiro capítulo, apresentamos as definições das atividades do assessor jurídico, do analista judiciário e do técnico judiciário, bem como a estrutura do gabinete dos magistrados. No segundo capítulo, o objetivo é descrever as funções e os requisitos relativos ao exercício desses cargos. No terceiro capítulo, por sua vez, examinamos suas áreas de atuação. Para o quarto capítulo reservamos o estudo do assessoramento e também algumas questões referentes ao atendimento ao público de modo geral. O quinto capítulo trata de um assunto bastante importante na área, a ética, e envolve também discussões sobre sigilo. Alguns exemplos práticos são expostos no sexto capítulo, que versa sobre pesquisas de doutrina e de jurisprudência. No sétimo capítulo, abordamos a elaboração de peças e documentos, bem como a participação em atos processuais. Para finalizar a obra, no oitavo capítulo, destacamos as responsabilidades do servidor público e as possíveis penalidades a que está exposto.

Boa leitura!

Este livro traz alguns recursos que visam enriquecer seu aprendizado, facilitar a compreensão dos conteúdos e tornar a leitura mais dinâmica. São ferramentas projetadas de acordo com a natureza dos temas que vamos examinar. Veja a seguir como esses recursos se encontram distribuídos no projeto gráfico da obra.

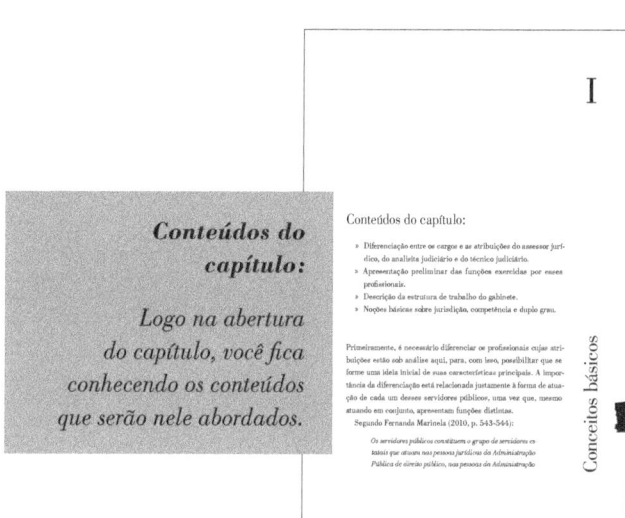

Conteúdos do capítulo:

Logo na abertura do capítulo, você fica conhecendo os conteúdos que serão nele abordados.

Síntese

Você dispõe, ao final do capítulo, de uma síntese que traz os principais conceitos nele abordados.

como aproveitar ao máximo este livro

Questões para revisão

Com estas atividades, você tem a possibilidade de rever os principais conceitos analisados. Ao final do livro, o autor disponibiliza as respostas às questões, a fim de que você possa verificar como está sua aprendizagem.

Questões para reflexão

Nessa seção, a proposta é levá-lo a refletir criticamente sobre alguns assuntos e trocar ideias e experiências com seus pares.

Consultando a legislação

Você pode verificar aqui a relação das leis consultadas pelo autor para examinar os assuntos enfocados no livro.

I

Conteúdos do capítulo:

» Diferenciação entre os cargos e as atribuições do assessor jurídico, do analisita judiciário e do técnico judiciário.
» Apresentação preliminar das funções exercidas por esses profissionais.
» Descrição da estrutura de trabalho do gabinete.
» Noções básicas sobre jurisdição, competência e duplo grau.

Primeiramente, é necessário diferenciar os profissionais cujas atribuições estão sob análise aqui, para, com isso, possibilitar que se forme uma ideia inicial de suas características principais. A importância da diferenciação está relacionada justamente à forma de atuação de cada um desses servidores públicos, uma vez que, mesmo atuando em conjunto, apresentam funções distintas.

Segundo Fernanda Marinela (2010, p. 543-544):

> Os servidores públicos constituem o grupo de servidores estatais que atuam nas pessoas jurídicas da Administração Pública de direito público, nas pessoas da Administração

Conceitos básicos

Direta (entes políticos: União, Estados, Municípios e Distrito Federal) e nas pessoas da Administração Indireta (as autarquias e fundações públicas de direito público). Para esses servidores, a relação de trabalho é de natureza profissional e de caráter não eventual, sob o vínculo de dependência com as pessoas jurídicas de direito público.

Atualmente, cada vez mais as pessoas buscam sucesso profissional no setor público, atraídas pelas remunerações consideradas elevadas e, principalmente, pela estabilidade que podem obter. Contudo, em muitos casos, o que se busca é tão somente a remuneração, sem que se conheça a atividade a ser desenvolvida e, após muito sacrifício para o ingresso na carreira pública, alguns se frustram ao descobrir a falta de vocação para o trabalho desenvolvido ou até mesmo a incompatibilidade de suas aptidões com o exercício das funções do cargo.

Neste ponto, cabe apontar a distinção entre as diferentes formas de ingresso na Administração Pública.

Mediante concurso público, de provas ou de provas e títulos, o indivíduo pode ser admitido na Administração Pública, desde que preencha os requisitos necessários para a inscrição no concurso e seja aprovado conforme as normas estabelecidas no edital em questão.

Para os cargos examinados nesta obra, há diferentes requisitos para a admissão em concurso público, a saber:

» **Assessor jurídico** – É necessária a formação em curso superior de Direito em instituição reconhecida pelo Ministério da Educação (MEC).
» **Analista judiciário** – A exigência é a formação em curso superior em instituição de ensino reconhecida pelo MEC, podendo ser em diferentes cursos, dependendo da área de atuação do profissional.

» **Técnico judiciário** – É necessário ter concluído o ensino médio ou curso técnico equivalente, também em instituição reconhecida pelo MEC.

Outra forma de ingresso na Administração Pública é por meio de cargos em comissão, em que os servidores são nomeados e exonerados *ad nutum*, ou seja, sem a necessidade de justificação.

Segundo dispõe o art. 6º, parágrafo 2º, da Lei Estadual n. 16.024, de 19 de dezembro de 2008 (Paraná, 2008c): "Os cargos de provimento em comissão evolvem atribuições de direção, de assessoramento e de assistência superior e são de livre nomeação e exoneração, satisfeitos os requisitos fixados em lei ou regulamento". Tais cargos são ocupados em caráter transitório, podendo ser preenchidos por quaisquer pessoas, desde que apresentem requisitos para tanto. A escolha depende da confiança do agente público e, por isso, também são chamados de **cargos de confiança**. Por serem nomeados e exonerados livremente, os servidores em comissão não têm estabilidade.

> *Mediante concurso público, de provas ou de provas e títulos, o indivíduo pode ser admitido na Administração Pública, desde que preencha os requisitos necessários para a inscrição no concurso e seja aprovado conforme as normas estabelecidas no edital em questão.*

Encontram impeditivos para serem admitidas para os cargos em comissão pessoas que tenham relação de parentesco com a autoridade nomeante – aquele que indica o contratado – ou até mesmo com servidor que trabalhe na mesma pessoa jurídica.

A Súmula Vinculante n. 13 do Supremo Tribunal Federal disciplinou a questão:

A nomeação de cônjuge, companheiro ou parente em linha reta, colateral ou por afinidade, até o terceiro grau, inclusive, da autoridade nomeante ou de servidor da mesma pessoa jurídica investido em cargo de direção, chefia ou assessoramento, para exercício de cargo em comissão ou de confiança ou, ainda, de função gratificada na administração pública direta e indireta de qualquer dos Poderes da União, dos Estados, do Distrito Federal e dos Municípios, compreendido o ajuste mediante designações recíprocas, viola a Constituição Federal. (Brasil, 2008a)

Para a investidura em cargo público, são necessários ainda os seguintes requisitos, previstos no art. 5º da Lei Federal n. 8.112, de 11 de dezembro de 1990 (Brasil, 1991):

> Art. 5º [...]
> I – a nacionalidade brasileira;
> II – o gozo dos direitos políticos;
> III – a quitação com as obrigações militares e eleitorais;
> IV – o nível de escolaridade exigido para o exercício do cargo;
> V – a idade mínima de dezoito anos;
> VI – aptidão física e mental.

Esse dispositivo traz também algumas ressalvas em seus parágrafos:

> Art. 5º [...]
> [...]
> § 1º As atribuições do cargo podem justificar a exigência de outros requisitos estabelecidos em lei.

> § 2º Às pessoas portadoras de deficiência é assegurado o direito de se inscrever em concurso público para provimento de cargo cujas atribuições sejam compatíveis com a deficiência de que são portadoras; para tais pessoas serão reservadas até 20% (vinte por cento) das vagas oferecidas no concurso.
>
> § 3º As universidades e instituições de pesquisa científica e tecnológica federais poderão prover seus cargos com professores, técnicos e cientistas estrangeiros, de acordo com as normas e os procedimentos desta Lei (Brasil, 1991)

1.1 Assessor jurídico

O assessor jurídico é um profissional com formação jurídica que atua na prestação de auxílio a juízes, promotores, desembargadores e procuradores de justiça. Portanto, o trabalho realizado por esse profissional se dá essencialmente no gabinete dos membros do Judiciário e Ministério Público.

As **funções primordiais** do assessor consistem na elaboração de minutas de despachos, decisões, denúncias, pareceres, decisões monocráticas, relatórios e propostas de voto. Todavia, ele exerce diversas outras funções, como triagem de processos, admissibilidade de recursos, pesquisas jurídicas e acompanhamento processual. Deve também atender às partes, aos advogados, aos assessores e a outros funcionários que procurem o gabinete, informando, no que for possível, sobre o andamento de processos e decisões prolatadas.

Cumpre destacar, como abordaremos adiante de maneira mais aprofundada, que o assessor, pela função que exerce, tem acesso a diversas informações confidenciais sobre os feitos em que atua, não podendo, em hipótese alguma, repassá-las antes dos resultados dos julgamentos.

Na maioria dos casos, com exceção das pequenas comarcas que dispõem de vara única, as promotorias, as varas, as câmaras e as procuradorias são especializadas. Isso quer dizer que atuam somente em processos relacionados a determinados assuntos (por exemplo, civis, criminais, direito público, direito privado, relações de consumo, direito eleitoral, direito do trabalho). Como operador do direito, é indispensável que o assessor se mantenha atualizado, estudando a doutrina jurídica relativa aos temas de que tratam os processos e pesquisando jurisprudência, súmulas e enunciados atuais para, com isso, elaborar decisões, propostas de voto, de sentença e de pareceres com embasamento e fundamentação jurídica.

1.2 Analista judiciário

Como mencionamos anteriormente, o analista judiciário deve ter formação superior em alguma área de graduação, entre elas o direito; ele atua no primeiro e segundo graus, tanto no assessoramento direto de magistrados e promotores quanto em departamentos específicos do Judiciário e do Ministério Público.

A Lei n. 11.416, de 15 de dezembro de 2006 (Brasil, 2006c), que disciplina as carreiras dos servidores do Poder Judiciário da União, prevê, em seu art. 4º, que ao analista judiciário cabe o desempenho de "atividades de planejamento; organização; coordenação; supervisão técnica; assessoramento; estudo; pesquisa; elaboração de laudos, pareceres ou informações e execução de tarefas de elevado grau de complexidade".

No Estado do Paraná, a Lei Estadual n. 16.023, de 19 de dezembro de 2008 (Paraná, 2008b), que regula a carreira dos funcionários públicos do quadro de pessoal do Poder Judiciário de primeiro grau de jurisdição, estabelece, em seu art. 7º, que as atribuições do analista judiciário são divididas em três áreas de atuação, quais sejam:

1. **Área judiciária** – Compreende os serviços da "área jurídica, abrangendo processamento de feitos, análise e pesquisa de legislação, doutrina e jurisprudência nos vários ramos do Direito, bem como elaboração de pareceres jurídicos, certidões e informações".

2. **Área de apoio especializado ou técnico** – Compreende "os serviços para a execução dos quais se exige do funcionário o devido registro no órgão fiscalizador do exercício da profissão ou o domínio de habilidades específicas, a critério da administração".

3. **Área de apoio administrativo** – Compreende "a área de formalização dos atos processuais de mero expediente e respectiva certificação, escrituração de livros, digitalização de documentos, atendimento ao público dentre outras atribuições definidas em lei e regulamentos".

A referida norma legal define ainda, em seu art. 8º, que o analista judiciário tem como atribuições "atividades de planejamento, organização, coordenação, supervisão técnica, assessoramento, estudo, pesquisa, elaboração de certidões, pareceres, laudos ou informações e execução de tarefas de maior grau de complexidade", conforme já previsto na Lei n. 11.416/2016, citada anteriormente.

No Estado do Paraná, o enquadramento da categoria de analista judiciário se restringe às áreas de direito, serviço social, psicologia, ciências contábeis e pedagogia. É importante destacar que a própria Lei n. 16.023/2008 traz as denominações de *assistente social judiciário*, *psicólogo judiciário* e *pedagogo judiciário* em referência aos analistas judiciários das áreas de apoio relativas às funções de avaliação social, psicológica e pedagógica perspectivamente.

Na esfera federal, as áreas de apoio especializado podem receber também profissionais de outras áreas do conhecimento, como engenharia, arquitetura, odontologia e biblioteconomia, dependendo das necessidades de cada ente da Federação e das atribuições do órgão da Administração Pública.

No primeiro grau de jurisdição do Estado do Paraná, nas varas e nas promotorias, o analista judiciário com formação jurídica atua no assessoramento de juízes e promotores de justiça. O papel é o de auxiliar na elaboração de peças jurídicas e administrativas, no acompanhamento processual, em atos processuais, audiências, atendimento ao público etc.

Os analistas judiciários das especialidades de serviço social, psicologia, ciências contábeis e pedagogia, por sua vez, atuam nas áreas em que têm formação, emitindo pareceres, laudos, estudos e exames.

Isso acontece porque, como se sabe, eventualmente os magistrados e representantes do Ministério Público, os juízes e os promotores de justiça não detêm conhecimento em todas as diversas áreas que muitas vezes estão relacionadas em uma ação judicial. Em muitas situações, esse conhecimento técnico é fundamental para a resolução de um conflito, tornando-se indispensável para que o julgador possa decidir ou o representante do Ministério Público, como fiscal da lei, possa agir ou manifestar-se em determinada questão.

Daí a importância desses profissionais que, embora não tenham formação jurídica, podem auxiliar na prestação jurisdicional. Como as situações cotidianas são imprevisíveis e cada processo sempre apresenta particularidades, não há como restringir ou preestabelecer as ocasiões em que será necessária a atuação desses analistas.

Apenas para exemplificar, podemos tomar o analista judiciário da área de serviço social, que atua nas varas e promotorias de direito de família, na proteção a crianças, adolescentes, idosos, vítimas de violência sexual e doméstica etc. Do mesmo modo, o pedagogo e o psicólogo judiciário têm vital importância nas ações que envolvem crianças, adolescentes e incapazes em geral. Os analistas judiciários da área de psicologia, aliás, podem atuar em quase todas as áreas jurídicas, pois as relações humanas sempre podem ser mais bem analisadas e, por conseguinte, resolvidas quando o Judiciário conta com o esclarecimento dessa área do conhecimento.

Na execução penal, por exemplo, área jurídica que trata do cumprimento de penas, os laudos psicológicos são utilizados para fundamentar, muitas vezes, a forma como o condenado poderá cumprir sua pena. O regime pode ser aberto, semiaberto e fechado, assim como pode haver autorizações para trabalho externo, livramento condicional etc.

O analista judiciário da área contábil evidentemente presta assessoria na área de contabilidade, sendo seus serviços extremamente úteis em varas e promotorias de fazenda pública, bem como em quaisquer situações em que seja necessário um exame mais técnico do balanço financeiro de pessoas físicas e jurídicas.

Nas demais áreas, como afirmamos anteriormente, a atividade relacionada à atuação das varas e das promotorias determina a demanda por analistas judiciários especialistas.

No Estado de Goiás, a Lei Estadual n. 17.663, de 14 de junho de 2012 (Goiás, 2012), que dispõe sobre a reestruturação da carreira dos servidores do Poder Judiciário do estado, traz, em seu art. 5º, que as atribuições do analista judiciário são divididas em três áreas de atuação, a saber:

1. **Área judiciária** – Abrange "os serviços realizados por bacharéis em Direito, abrangendo o processamento e distribuição de feitos, [...] a análise e pesquisa de legislação, doutrina e jurisprudência [...], bem como a elaboração de minutas de despachos, decisões, sentenças, votos e pareceres jurídicos".

2. **Área especializada** – Compreende "a execução de atividades de nível superior para as quais se exige dos titulares dos cargos o devido registro nos órgãos fiscalizadores do exercício de profissões ou o domínio de habilidades específicas, definidas em regulamento próprio".
3. **Área de apoio judiciário e administrativo** – Envolve serviços realizados nas escrivanias judiciárias de primeiro grau e nas unidades judiciárias de segundo grau, "bem como nas áreas administrativas de modo a impulsionar os feitos judiciais e administrativos, [...] os serviços relacionados com gestão de pessoas, material e patrimônio; licitações e contratos; orçamento e finanças; controle interno e auditoria e outras atividades complementares".

De acordo com suas funções, os analistas judiciários podem atender pelas seguintes denominações:

» *analista judiciário* – área judiciária;
» *oficial de justiça* – avaliador;
» *analista judiciário* – área de apoio judiciário e administrativo.

Os ocupantes dos cargos de oficial de justiça são responsáveis pela "execução de mandados e atos processuais de natureza externa, na forma estabelecida na legislação processual" (Goiás, 2012).

No Estado de São Paulo, a Lei Complementar n. 1.111, de 25 de maio de 2010 (São Paulo, 2010), que institui o plano de carreira dos servidores do Tribunal de Justiça do Estado de São Paulo (TJSP) e dá providências correlatas, estabelece a distinção entre cargos efetivos e cargos em comissão.

No rol dos cargos efetivos, o Anexo I da referida legislação inclui os cargos de: administrador judiciário, agente administrativo judiciário, agente de fiscalização judiciário, agente de segurança judiciário, agente de serviços judiciário, agente operacional judiciário, analista em comunicação e processamento de dados judiciário, analista de sistemas judiciário, arquiteto judiciário, assistente social judiciário, auxiliar de saúde judiciário, bibliotecário judiciário, cirurgião dentista judiciário, contador judiciário, enfermeiro judiciário, engenheiro judiciário, escrevente técnico judiciário, médico judiciário, oficial de justiça, psicólogo judiciário, técnico em comunicação e processamentos de dados judiciário e técnico em informática judiciário.

Entre cargos em comissão, o Anexo II elenca os cargos de: analista técnico judiciário, assessor técnico de gabinete judiciário, assistente judiciário (acrescentado pela lei complementar n. 1.172, de 10 de abril de 2012), assistente jurídico, assistente técnico de gabinete judiciário, assistente técnico judiciário, auxiliar de gabinete judiciário, chefe de gabinete judiciário, chefe de seção judiciário, chefe de seção técnica judiciário, coordenador, diretor, oficial de gabinete judiciário, secretário e supervisor de serviço.

A norma traz ainda, em seu Anexo VII, a descrição sumária das principais atribuições de cada cargo e o pré-requisito para seu preenchimento, o qual pode ser ensino fundamental completo, ensino fundamental completo com carteira nacional de habilitação categoria "D", ensino médio completo, ensino superior completo, ensino superior completo específico e ensino superior completo específico com registro no conselho de classe correspondente.

Para finalizar, vamos considerar o âmbito da Justiça Federal, na qual existem varas especializadas em direito ambiental. Tal ramo do direito carece de uma equipe multidisciplinar, com biólogos, engenheiros florestais, agrônomos etc., para auxiliar no processamento e no julgamento dos feitos.

Como demonstrado, o leque que se abre para a atuação do analista judiciário é enorme e ela é determinada conforme a necessidade de cada ente da Federação (União, estados e Distrito Federal) e seus poderes (Judiciário e Ministério Público).

1.3 Técnico judiciário

O técnico judiciário exerce diversas funções no Poder Judiciário e no Ministério Público. Embora não tenha formação superior em Direito, deve ter conhecimento geral sobre a estrutura e o funcionamento dos poderes e do órgão em que atua.

A Lei Federal n. 11.416/2006 prevê, em seu art. 8º, que o técnico judiciário deve ter formação em "curso de ensino médio, ou curso técnico equivalente, correlacionado com a especialidade, se for o caso" (Brasil, 2006c).

Suas atribuições, segundo o art. 4º da mencionada norma, restringem-se à "execução de tarefas de suporte técnico e administrativo".

No Estado do Paraná, a Lei Estadual n. 16.023/2008 determina como requisito para o exercício da função de técnico judiciário a conclusão de "curso de ensino médio, ou curso técnico equivalente, ou curso superior correlacionado com a especialidade da área e apoio, se for o caso" (Paraná, 2008b).

Como atribuições do cargo, a mencionada legislação aponta a "execução de tarefas de suporte técnico, judiciário e administrativo e apoio em geral" (Paraná, 2008b). É permitida a realização de diversas funções relacionadas ao funcionamento do Poder Judiciário como um todo, desde autuação de processo e serviços externos até atendimento ao público, participação em atos processuais, emissão de certidões etc.

Existem duas áreas em que o técnico judiciário atua no Poder Judiciário estadual, conforme a referida norma (Paraná, 2008b):

1. **Área de apoio especializado ou técnico** – Compreende serviços a serem realizados somente por funcionários que apresentem "o devido registro no órgão fiscalizador do exercício da profissão ou o domínio de habilidades específicas".

2. **Área de apoio administrativo** – Compreende serviços na "área de formalização dos atos processuais de mero expediente e respectiva certificação, escrituração de livros, digitalização de documentos, atendimento ao público dentre outras atribuições definidas em lei e regulamentos".

No Estado do Paraná, o técnico judiciário pode exercer as funções de oficial de justiça, de comissário da infância e juventude e de leiloeiro, desde que comprove frequência e aprovação em curso de qualificação para tanto. O exercício de tais funções implicará dispensa das atividades próprias do cargo de técnico em grau definido pelo juiz titular ao qual o funcionário estiver subordinado, conforme a lei supracitada.

No Estado de Goiás, a Lei Estadual n. 17.663/2012, em seu art. 33, incisos I e II, determinou a alteração da nomenclatura do cargo de técnico judiciário, com sua transformação em cargos de analista judiciário – área judiciária; analista judiciário – oficial de justiça avaliador; e analista judiciário – área especializada.

No Estado de São Paulo, como anteriormente mencionado, a Lei Complementar n. 1.111/2010, traz a descrição de vários cargos de diferentes graduações, mas nenhum deles sob a nomenclatura de *técnico judiciário*, embora as atribuições e os pré-requisitos para ingresso na carreira sejam exatamente os mesmos de outros órgãos do Poder Judiciário.

1.4 Estrutura do gabinete dos magistrados

No Estado do Paraná, o Decreto Judiciário n. 2.324, de 12 de dezembro de 2013 (Paraná, 2013a), prevê que os gabinetes de desembargadores e juízes substitutos de segundo grau são considerados unidades administrativas.

O gabinete consiste em uma estrutura física onde estão fixados, num local de trabalho, desembargadores, procuradores de justiça, juízes, promotores e seus respectivos servidores, entre os quais o assessor jurídico.

> *O gabinete consiste em uma estrutura física onde estão fixados, num local de trabalho, desembargadores, procuradores de justiça, juízes, promotores e seus respectivos servidores, entre os quais o assessor jurídico.*

No cotidiano do assessor estão presentes as relações de trabalho com os demais servidores que atuam na mesma unidade funcional, o que envolve **organização**. Nesse sentido, até mesmo para facilitar o seu trabalho e o de seus colegas de gabinete, os arquivos com as peças jurídicas devem ser arquivados ou salvos de forma organizada, conforme tipo, assunto, data e posicionamento, de modo que fiquem disponíveis para todos.

Cada gabinete tem sua forma de trabalho definida, mas, a fim de melhorar sua funcionalidade e atingir pleno atendimento de seus objetivos, é necessário certo planejamento estratégico para que se possa proporcionar uma efetiva prestação jurisdicional, além do crescimento pessoal e coletivo de seus integrantes.

Desse modo, definir tarefas para cada integrante pode ser essencial para o melhor aproveitamento do tempo, assim como estipular metas a serem cumpridas para que a celeridade dos processos e feitos em andamento seja atingida sem que haja perda na qualidade das decisões e dos pronunciamentos. Essa definição de tarefas, contudo, não deve ser absoluta, para que a eventual ausência de um dos integrantes do gabinete não prejudique o funcionamento do gabinete como um todo.

Em suma, todos os integrantes do gabinete devem conhecer todos os serviços a serem realizados, pois, mesmo que sejam definidas especialidades para cada um, é necessário que todos possam realizar a totalidade de tarefas.

No Tribunal de Justiça de Santa Catarina (TJSC), segundo a Resolução n. 19, de 25 de maio de 2011 (Santa Catarina, 2011), os gabinetes de desembargador têm os cargos comissionados de oficial de gabinete, secretário jurídico, assessor jurídico e assessor de gabinete. De acordo com o art. 1º, parágrafo 1º, da Resolução n. 10, de 20 de abril de 2016 (Santa Catarina, 2016), tais cargos somente podem ser preenchidos por servidores ocupantes dos cargos efetivos de técnico judiciário auxiliar ou analista jurídico.

No Mato Grosso do Sul, a Lei n. 3.687, de 9 de junho de 2009, em seu art. 17, prevê os cargos em comissão de assessor jurídico-administrativo, assessor de desembargador, assessor jurídico de juiz, assessor militar, assessor de inteligência, assessor de projetos especiais, assessor de juiz de segunda instância, assessor de juiz de primeira instância e assessor de cerimonial (Mato Grosso do Sul, 2009).

No Tribunal de Justiça do Paraná (TJPR), cada gabinete de desembargador tem uma disponibilidade de cargos, como mostra o Quadro 1.1.

Quadro 1.1 – Cargos do gabinete do desembargador

Cargo	Quantidade	Simbologia*	Requisito
Secretário de desembargador	1	DAS-4	Formação em curso superior de qualquer área
Assessor de desembargador	1	DAS-4	Graduação específica em Direito
Assessor II de desembargador	1	DAS-5	Graduação específica em Direito

(continua)

(Quadro 1.1 – conclusão)

Cargo	Quantidade	Simbologia*	Requisito
Assistente de desembargador	1	1-C	Graduação específica em Direito
Assistente II de desembargador	1	3-C	Carteira de habilitação válida, categoria "B"
Oficiais de gabinete de desembargador	2	1-C	Ensino médio completo

* A simbologia refere-se às denominações de letras e números dos cargos e são referentes ao enquadramento e à remuneração.

Fonte: Elaborado com base em Paraná, 2015.

Todos os cargos são comissionados e podem ser preenchidos por funcionários do quadro da Secretaria do Tribunal de Justiça. Existe, aliás, uma orientação do Conselho Nacional de Justiça (CNJ), órgão de controle externo do Poder Judiciário, por meio da Resolução n. 88, de 8 de setembro de 2009 (Brasil, 2009a), art. 2º, parágrafo 2º, segundo a qual pelo menos 50% dos cargos em comissão devem ser destinados aos servidores das carreiras judiciárias, ou seja, àqueles servidores aprovados em concurso público.

Também está disponível para cada gabinete a contratação de dois estagiários advindos da área de direito, sendo um de pós-graduação e outro de graduação.

Por meio dos Decretos Judiciários n. 1.162, de 14 de dezembro de 2015 (Paraná, 2016a) e n. 1.004, de 5 de outubro de 2016 (Paraná, 2016b), o TJPR reformulou seu processo de seleção de estagiários, determinando que cada unidade (gabinetes, departamentos, centros, fundos, núcleos, escrivanias, secretarias etc.) deve realizar seu próprio procedimento seletivo conjuntamente com a Divisão de Estágios do Departamento de Gestão de Recursos Humanos.

A realização do referido processo seletivo ocorre mediante abertura de edital e deve conter ao menos uma prova escrita e não identificada, conforme prevê o Enunciado Administrativo n. 7, de 19 de junho de 2008 (Brasil, 2008), com vistas à avaliação de conhecimentos específicos e próprios do nível de ensino relativo ao estágio oferecido, de modo a assegurar os princípios da isonomia e da impessoalidade entre os concorrentes.

O art. 14 do Decreto Judiciário n. 1.162/2015 ainda prevê que cada unidade pode realizar uma entrevista com os candidatos aprovados, por ordem classificatória, para chamamento e/ou formação de cadastro de reserva.

Todos os editais referentes aos procedimentos seletivos são publicados no *Diário da Justiça Eletrônico (e-DJ)* e são divulgados no portal eletrônico do TJPR.

Da mesma forma que no primeiro grau de jurisdição, no Judiciário do Paraná, a Lei n. 15.831, de 12 de maio de 2008 (Paraná, 2008a), implementou a criação de 190 cargos de assessor de juiz, simbologia 3-C, para provimento em comissão.

A estrutura dos gabinetes dos magistrados de primeiro grau varia muito de acordo com a comarca e a vara em que atuam, devendo a estrutura e o número de funcionários disponibilizados ser proporcionais ao número de feitos que tramitam no gabinete em questão.

De modo diverso ao que ocorre nos tribunais, em que os assessores de desembargador não têm muita participação em atos processuais, no primeiro grau, a atuação do assessor de juiz é maior em razão da elevada concentração de audiências e do envolvimento com as partes.

Os estagiários também podem atuar em primeiro grau, realizando atividades básicas de assessoramento direto no gabinete dos juízes.

1.5 Jurisdição e competência

Feita uma abordagem inicial sobre o tema, a partir deste ponto vamos abordar com mais profundidade as diferentes atuações do assessor jurídico, do analista judiciário e do técnico judiciário. Para diferenciar as funções, os requisitos e as áreas, é necessária, preliminarmente, uma breve explicação sobre os conceitos jurídicos de *jurisdição* e *competência*, que refletem diretamente no campo de atuação desses profissionais nas diferentes esferas do Poder Judiciário.

Inicialmente, é preciso destacar que, no Estado democrático de direito, é vedada a autotutela para resolução dos conflitos, ou seja, em situações de conflito de interesses, somente o Estado, por meio de seu Poder Judiciário, detém a função de resolvê-los.

Nesse sentido, para regular tais situações, novamente o Estado, agora por meio de seu Poder Legislativo, edita as leis e as normas, o chamado *direito positivado*. O conjunto dessas leis, que representa as regras que o Estado impõe para regulamentar a vida em sociedade em determinado período, denominado de *ordenamento jurídico*, é também chamado de *direito objetivo*.

Segundo o Prof. Julio Fabbrini Mirabete (2008, p. 151), "jurisdição é, pois, a faculdade que tem o Poder Judiciário de pronunciar concretamente a aplicação do direito objetivo".

No mesmo sentido, Fernando da Costa Tourinho Filho (2008, p. 49) define *jurisdição* como "aquela função do Estado consistente em fazer atuar, pelos órgãos jurisdicionais, que são os Juízes e Tribunais, o direito objetivo a um caso concreto, obtendo-se a justa composição da lide".

Assim, a **jurisdição** é uma função do Estado realizada por seus órgãos, em consonância com as normas, por meio da qual, e por ato de juízo, "determina-se o direito das partes, com o objetivo de dirimir os conflitos e as controvérsias de relevância jurídica" (Castro Filho, 2002, p. 1).

A **competência**, por sua vez, é o critério de distribuição das atividades entre os vários órgãos do Poder Judiciário relativos ao desempenho da jurisdição (Castro Filho, 2002). A competência nada mais é do que a limitação do poder de julgar, pois, do contrário, a Justiça perderia sua confiabilidade. Imagine, por exemplo, se todos os juízes pudessem julgar todo tipo de causa e em qualquer lugar do país. Obviamente, as partes e os próprios julgadores ficariam confusos.

Desse modo, a organização desse exercício do poder, que, em outras palavras, é a delimitação da competência, deve sempre ser fixada por uma norma jurídica.

Nesse panorama, todo juiz é dotado de jurisdição, isto é, do poder de solucionar litígios concedido pelo próprio Estado. Chama-se esse serviço prestado pelo juiz, em nome do Estado, de *prestação jurisdicional*.

> A competência nada mais é do que a limitação do poder de julgar, pois, do contrário, a Justiça perderia sua confiabilidade.

Contudo, esse poder fica mais ou menos delimitado, não podendo um juiz de um estado, por exemplo, exercitar sua jurisdição em outro estado ou no Distrito Federal.

Podemos afirmar, então, que

> *a **competência nada mais é que a medida da jurisdição**. Todo juiz tem jurisdição, entretanto, só pode exercitá-la em determinadas matérias e em determinados espaços, segundo sua competência, que é a determinação do âmbito de atuação dos órgãos encarregados das funções jurisdicionais. Daí concluir-se que **a jurisdição é inerente à atividade de todo o juiz, mas nem todo juiz tem poderes para julgar todos os litígios em todos os lugares**. Só o juiz competente tem legitimidade para fazê-lo validamente.* (Castro Filho, 2002, p. 2, grifo nosso)

No Brasil, a distribuição da competência é feita com base na Constituição Federal de 1988 (Brasil, 1988), podendo ser atribuída aos seguintes juízos:

» Supremo Tribunal Federal – STF (art. 102);
» Superior Tribunal de Justiça – STJ (art. 105);
» Justiça Federal (arts. 108 e 109);
» Justiças especiais: Eleitoral, Militar, Trabalhista;
» Justiça Estadual.

A competência da Justiça Estadual é residual, ou seja, "tudo que não for da competência da Justiça Federal ou de qualquer das justiças especiais pertencerá aos órgãos jurisdicionais estaduais" (Castro Filho, 2002, p. 3).

Ainda de acordo com a Constituição Federal, no Brasil há várias instâncias da Justiça, "cada qual com órgãos superiores e inferiores, para que se possa cumprir o chamado duplo grau de jurisdição" (Castro Filho, 2002, p. 3).

O duplo grau de jurisdição representa, resumidamente, a possibilidade de as decisões judiciais serem revistas. Segundo o jurista Nelson Nery Junior (1997, p. 41), o conceito de duplo grau de jurisdição

> *consiste em estabelecer a possibilidade de a sentença definitiva ser reapreciada por órgão de jurisdição, normalmente de hierarquia superior à daquele que a proferiu, o que se faz de ordinário pela interposição de recurso. Não é necessário que o segundo julgamento seja conferido a órgão diverso ou de categoria hierárquica superior à daquele que realizou o primeiro exame.*

São órgãos chamados de *primeiro grau* as varas, as comarcas e as seções. Já os chamados de *segundo grau* são os tribunais, geralmente estaduais ou regionais federais.

Síntese

Neste primeiro capítulo, apresentamos as distinções entre os cargos e as atribuições do assessor jurídico, do analista judiciário e do técnico judiciário.

Como destacamos, as funções exercidas por esses funcionários, ao mesmo tempo que apresentam diferenças, são complementares, pois a finalidade maior, que é a prestação jurisdicional, depende não somente da atuação de magistrados, mas também dos servidores.

Também apresentamos um panorama de como funciona a estrutura dos gabinetes de desembargadores e de juízes, com a descrição dos cargos à disposição e das funções realizadas.

Por fim, conceituamos *competência, jurisdição* e *duplo grau de jurisdição*, a fim de delimitar melhor a atuação do assessor jurídico, do analistas judiciário e do técnico judiciário.

Questões para revisão

1) O que são servidores públicos?
2) Quais são as diferentes formas de ingresso no serviço público?
3) Indique o cargo que não exige formação superior para seu preenchimento:
   a. Analista judiciário.
   b. Técnico judiciário.
   c. Assessor jurídico.
   d. Assistente social judiciário.

4) O art. 5º da Lei Federal n. 8.112/1990 elenca os requisitos para a investidura em cargos públicos. Assinale a alternativa que traz um requisito **não** previsto na referida legislação:
   a. Idade mínima de dezoito anos e aptidão física e mental.
   b. Gozo dos direitos políticos.
   c. Quitação com as obrigações militares e eleitorais.
   d. Nvel superior de escolaridade.

5) Quais são as áreas de atribuição dos analistas judiciários do Estado do Paraná, segundo o art. 7º da Lei Estadual n. 16.023/2008?
   a. Área administrativa; área especializada; área de apoio técnico.
   b. Área judiciária; área especializada ou técnica; área de apoio administrativo.
   c. Recursos humanos; área de direito; área de atendimento.
   d. Área contábil; área financeira; área psicológica.

Questões para reflexão

1) Os servidores do Poder Judiciário dividem-se nas categorias de assessor jurídico, analista judiciário e técnico judiciário. Quais são as funções básicas realizadas por esses profissionais? Qual é a relação de interdependência entre os serviços prestados por eles e qual é a importancia desses servidores para a prestação jurisdicional?

2) A competência e a jurisdição servem para delimitar a atuação do Poder Judiciário e, de certa maneira, organizar a atuação do Estado na resolução dos conflitos. Descreva como esses critérios ajudam as partes e, ainda, como o duplo grau de jurisdição também contribui nesse sentido.

Consultando a legislação

Se você quiser aprofundar-se no estudo dos temas abordados neste capítulo, consulte os documentos indicados a seguir.

BRASIL. Conselho Nacional de Justiça. Resolução n. 88, de 8 de setembro de 2009. **Diário Oficial da União**, 17 set. 2009. Disponível em: <http://www.cnj.jus.br/images/stories/docs_cnj/resolucao/rescnj_88.pdf>. Acesso em: 6 set. 2017.

BRASIL. Constituição (1988). **Diário Oficial da União**, Brasília, DF, 5 out. 1988. Disponível em: <http://www.planalto.gov.br/ccivil_03/constituicao/ConstituicaoCompilado.htm>. Acesso em: 6 set. 2017.

_____. Lei n. 8.112, de 11 de dezembro de 1990. **Diário Oficial da União**, Poder Executivo, Brasília, DF, 19 abr. 1991. Disponível em: <http://www.planalto.gov.br/CCIVIL_03/leis/L8112cons.htm>. Acesso em: 6 set. 2017.

_____. Lei n. 11.416, de 15 de dezembro de 2006. **Diário Oficial da União**, Poder Legislativo, Brasília, DF, 15 dez. 2006. Disponível em: <http://www.planalto.gov.br/ccivil_03/_ato2004-2006/2006/lei/l11416.htm>. Acesso em: 6 set. 2017.

PARANÁ. Lei n. 15.831, de 12 de maio de 2008. **Diário Oficial do Estado do Paraná**, Poder Legislativo, Curitiba, 12 maio 2008. Disponível em: <http://www.legislacao.pr.gov.br/legislacao/pesquisarAto.do?action=exibir&codAto=10015&indice=1&totalRegistros=1>. Acesso em: 6 set. 2017.

_____. Lei n. 16.023, de 19 de dezembro de 2008. **Diário Oficial do Estado do Paraná**, Poder Legislativo, Curitiba, 19 dez. 2008. Disponível em: <http://www.legislacao.pr.gov.br/legislacao/listarAtosAno.do?action=exibir&codAto=16429&codItemAto=451732>. Acesso em: 6 set. 2017.

_____. Lei n. 16.024, de 19 de dezembro de 2008. **Diário Oficial do Estado do Paraná**, Poder Legislativo, Curitiba, 19 dez. 2008. Disponível em: <http://www.legislacao.pr.gov.br/legislacao/pesquisarAto.do?action=exibir&codAto=16466&indice=1&totalRegistros=2>. Acesso em: 6 set. 2017.

PARANÁ. Tribunal de Justiça do Estado do Paraná. Decreto Judiciário n. 2.324, de 12 de dezembro de 2013. **Diário Eletrônico do Tribunal de Justiça do Paraná**, Curitiba, n. 1.249, 16 dez. 2013. Disponível em: <https://www.tjpr.jus.br/documents/32415/b3a11bb7-01a3-48db-8042-052b73dce4ab>. Acesso em: 6 set. 2017.

II

Conteúdos do capítulo:

» Atribuições do assessor jurídico, do analista judiciário e do técnico judiciário.
» Importância do assessoramento jurídico.
» Atividades administrativas e técnicas.
» Requisitos para o ingresso na carreira.

Neste capítulo, apresentaremos, de modo amplo e ilustrativo, as funções do assessor jurídico, do analista judiciário e do técnico judiciário. Também examinaremos os requisitos para o ingresso nessas três carreiras.

Cabe novamente frisar que, em razão de esses profissionais atuarem em conjunto, muitas vezes, suas funções acabam se confundindo, pois, ainda que o assessor e o analista tenham como atribuição primordial a atuação jurídica, também realizam tarefas administrativas e técnicas. Igualmente, os técnicos judiciários que não têm formação jurídica podem auxiliar nessas tarefas, realizando pesquisas e

Funções e requisitos

estudos para facilitá-las, acompanhando movimentações processuais e fornecendo informações às partes e aos advogados.

2.1 Atividades de assessoramento

No trabalho desenvolvido por assessores, analistas e técnicos, há situações em que se considera a atividade como de assessoramento. Em tais casos, o servidor deve auxiliar na atuação de magistrados e membros do Ministério Público em diferentes áreas.

No primeiro grau de jurisdição, a atuação se dá diretamente com os **juízes de direito** (como são chamados os magistrados estaduais) e os **juízes federais**, que podem até ser substitutos.

A morosidade processual é um problema que aflige o Poder Judiciário como um todo. O número crescente de feitos que tramitam atualmente torna o assessoramento dos magistrados vital.

Até pouco tempo, no âmbito da Justiça Estadual, a assessoria dos julgadores ficava restrita aos tribunais de justiça. O juiz de primeiro grau, salvo nas maiores comarcas, tinha de trabalhar sozinho em todos os processos que recebia, sem contar com o apoio de servidores em seu gabinete. Igual situação se apresentava aos promotores de justiça, que, em primeiro grau, não contavam com assessoramento algum, restrito às procuradorias de justiça.

É possível afirmar, portanto, que, via de regra, o problema da demora no julgamento está diretamente ligado ao elevado número de feitos e à baixa quantidade de juízes.

Na busca de solução para a demora processual, foi editada a Emenda Constitucional n. 45, de 30 de dezembro de 2004 (Brasil, 2004), que promoveu a chamada *reforma do Judiciário*.

Entre as diversas mudanças, a referida emenda acrescentou o inciso LXXVIII no art. 5º da Constituição Federal de 1988

(Brasil, 1988), positivando a previsão de duração razoável do processo. Também com o intuito de desafogar a Justiça foi criada a Lei n. 9.099, de 26 de setembro de 1995 (Brasil, 1995b), chamada *Lei dos Juizados Especiais*, que tem como objetivo a primazia pela oralidade e pela celeridade.

Os **juizados especiais** representam uma ferramenta no combate à morosidade da Justiça, contudo, em razão do valor reduzido das causas e da falta de estrutura, em muitos casos sua atuação fica limitada a uma parcela mínima das atuais lides.

> *A morosidade processual é um problema que aflige o Poder Judiciário como um todo. O número crescente de feitos que tramitam atualmente torna o assessoramento dos magistrados vital.*

Neste ponto, cabe destacar que a celeridade é apenas um dos pontos da prestação jurisdicional, pois não basta que o processo tenha duração razoável, precisa também ser eficiente na resolução dos conflitos levados ao Poder Judiciário.

Segundo Nagib Slaibi Filho (2005, p. 19):

> *A norma garante mais que o direito de ação ou de acesso ao judiciário, mas a sua eficiência, celeridade e tempestividade. Poder-se-ia dizer que a norma declara o direito fundamental de todos à eficiente realização do processo pelo qual se leva o pedido à cognição judicial ou administrativa: é assim, direito ao processo eficiente, muito além do simples direito ao processo.*

Entretanto, a Constituição Federal, ao incluir o **princípio da duração razoável do processo**, apenas apresentou um objetivo a ser seguido, sem apontar os caminhos para atingir tal finalidade. Seu art. 5º, inciso XXXV, determina que "a lei não excluirá da apreciação do Poder Judiciário lesão ou ameaça a direito" (Brasil. 1988);

assim, ao cidadão permite-se a possibilidade de, em qualquer caso, recorrer ao Poder Judiciário.

De acordo com Luiz Guilherme Marinoni (1999, p. 314),

> essa norma constitucional garante não só o direito de ação, mas a possibilidade de um acesso efetivo à justiça e, assim, um direito à tutela jurisdicional adequada, efetiva e tempestiva. Não teria cabimento entender, com efeito, que a Constituição da República garante ao cidadão que pode afirmar uma lesão ou ameaça a direito apenas e tão somente uma resposta, independentemente de ser ela efetiva e tempestiva.

Cabe ao administrador público buscar a solução do problema, pois "uma justiça que não cumpre suas funções em um prazo razoável é, para muitas pessoas, uma Justiça inacessível" (Cappelletti; Garth, 1988, p. 20-21).

Nesse contexto, a função de assessoramento dos julgadores surge, também, como uma forma de combater a demora processual e, por consequência, de proporcionar o cumprimento de um prazo razoável de duração do processo. Assim, em virtude do grande número de feitos, podemos entender que uma das primeiras atividades que devem ser desenvolvidas por assessores, analistas e técnicos é a **triagem**.

Todos os processos, dependendo de sua especialidade e natureza, têm uma movimentação, ou seja, apresentam um início (petição inicial, recebimento de denúncia etc.), um meio (produção de provas, audiência de instrução e julgamento etc.) e um final (sentença, sessão de julgamento etc.).

Em outras palavras, o julgador sempre terá processos conclusos em diferentes fases e necessitando de diferentes manifestações. Nessa esfera, a expressão *processo concluso* significa que o feito foi encaminhado para o julgador e este deve se manifestar nos autos, seja para dar-lhe segmento, seja para encerrá-lo. Assim, a triagem de todos os processos é importante para otimizar o trabalho, separando-se os diferentes feitos e a urgência de manifestação.

Na esfera civil, por exemplo, existem ações em que a parte busca uma medida liminar ou uma antecipação de tutela, ou seja, uma ação urgente do Judiciário para proteger seu direito. O exame desse pedido liminar deve ser imediato, sob pena de o direito perecer, no sentido de que, se a ação da Justiça não for rápida, não será possível, posteriormente, sequer analisar se a parte realmente tem razão.

Na esfera criminal, também a título de exemplo, existe o *habeas corpus*, que é o chamado *remédio constitucional*, um procedimento previsto na Constituição Federal de 1988 que busca sanar um constrangimento ilegal que alguém está sofrendo em sua liberdade de ir e vir. Tal constrangimento pode ocorrer de inúmeras maneiras, como prisão ilegal, demora na expedição de alvará de soltura de um condenado que já cumpriu sua pena ou ausência dos requisitos para a prisão processual.

> *Assim, a triagem de todos os processos é importante para otimizar o trabalho, separando-se os diferentes feitos e a urgência de manifestação.*

Ainda como exemplo de prioridade na tramitação de processos temos a situação dos idosos, considerados os maiores de 60 anos de idade, prevista no Estatuto do Idoso – Lei n. 10.741, de 1º de outubro de 2003 (Brasil, 2003) –, assim como ocorre com crianças e adolescentes, conforme previsão legal do Estatuto da Criança e do Adolescente (ECA) – Lei n. 8.069, de 13 de julho de 1990 (Brasil, 1990b).

Situações como as citadas, por apresentarem maior urgência, devem ser examinadas preferencialmente pelo Judiciário, cabendo, portanto, ao servidor esse procedimento de triagem dos feitos para levar ao julgador aqueles cuja análise é mais urgente. Após a triagem inicial dos processos, o assessor, analista ou técnico pode verificar o prazo da ação, recurso ou procedimento para constatar se o feito merece ser analisado.

Quanto aos prazos legais, podemos afirmar que eles variam de acordo com o procedimento e a natureza da medida que se busca. Trata-se de períodos previstos em lei e que devem ser respeitados pelas partes para que o Judiciário possa atuar. Em outras palavras, se os procedimentos (ações, recursos etc.) estiverem fora do prazo, o Judiciário, representado pelos juízes e pelos tribunais, não conhecerá dos pedidos.

Na esfera recursal, em razão dos diferentes expedientes previstos para cada situação, a verificação da **tempestividade** – se o recurso foi interposto dentro do prazo – é uma tarefa essencial para os servidores.

Nesse sentido, José Miguel Garcia Medina e Teresa Arruda Alvim Wambier (2008, p. 90) destacam que "o recurso será tido interposto tempestivamente se dentro do prazo fixado em lei. Caso o prazo legal não seja observado, ocorrerá a preclusão temporal".

Do mesmo modo, Marinoni (2008, p. 59) afirma que o "prazo para interposição do recurso deve ser compatível com aquele previsto em lei. [...] O recurso, portanto, deve ser interposto no prazo previsto para tanto, sob pena de preclusão temporal".

A verificação dos prazos é extremamente importante para otimizar o trabalho, pois não demanda conhecimento jurídico específico, bastando consultar nos autos as datas e, nas situações em que se constatar que o prazo não foi respeitado, não perder tempo no exame do mérito do procedimento.

Outro ponto que deve ser verificado nesse primeiro momento da triagem dos processos é a questão do pagamento das custas processuais – quando no primeiro grau – e o equivalente preparo do recurso – se no segundo grau.

É importante esclarecer que, quando falamos em *custas processuais* de uma ação ou em *preparo de um recurso*, estamos nos referindo ao pagamento de um valor para que a ação seja apreciada pelo Judiciário. As custas processuais "correspondem ao preço ou à despesa inerente ao uso ou à prestação do serviço público de justiça. A prestação da atividade jurisdicional, que fica a cargo do Poder Judiciário, é sempre um serviço público remunerado" (Acre, 2012), cabendo às partes o ônus de arcar com as despesas processuais. Durante o curso do processo são praticados diversos atos, alguns a cargo das partes e outros a cargo dos juízes e auxiliares, o que gera um custo financeiro com que as partes devem arcar.

Contudo, a Constituição estabelece que o Estado prestará assistência jurídica integral e gratuita aos que comprovarem insuficiência de recursos (art. 5º, inciso LXXIV). Além disso, a Lei n. 1.060, de 5 de fevereiro de 1950 (Brasil, 1950), também assegura aos necessitados o benefício da assistência judiciária. São situações em que a parte, por não ter condições de pagar as custas do processo sem prejudicar seu sustento próprio ou de sua família, tem garantida a gratuidade do acesso à Justiça, a chamada *Justiça gratuita*.

Cumpre ressaltar que existem procedimentos legalmente isentos de custas processuais, por exemplo, as ações constitucionais de *habeas corpus* e *habeas data*.

> *A verificação dos prazos é extremamente importante para otimizar o trabalho, pois não demanda conhecimento jurídico específico, bastando consultar nos autos as datas e, nas situações em que se constatar que o prazo não foi respeitado, não perder tempo no exame do mérito do procedimento.*

A Lei n. 9.289, de 4 de julho de 1996 (Brasil, 1996a), que dispõe sobre as custas devidas à União, na Justiça Federal de primeiro e segundo graus, prevê em seu art. 4º que são isentos de custas:

> I – a União, os Estados, os Municípios, os Territórios Federais, o Distrito Federal e as respectivas autarquias e fundações;
> II – os que provarem insuficiência de recursos e os beneficiários da assistência judiciária gratuita;
> III – o Ministério Público;
> IV – os autores nas ações populares, nas ações civis públicas e nas ações coletivas de que trata o Código de Defesa do Consumidor, ressalvada a hipótese de litigância de má-fé.

A necessidade do pagamento das custas para aqueles que buscam a prestação jurisdicional "tem origem na impossibilidade de o Estado assumir todos os encargos referentes à administração da Justiça" (Reinaldo Filho, 2012).

Custas, no conceito de Pedro dos Reis Nunes (1993, p. 286), são "despesas taxadas por lei, num regimento, que se fazem com a promoção ou a realização de atos forenses, processuais ou de registros públicos, e as que se contam contra a parte vencida na demanda". As custas são cobradas das partes conforme tabela de valores dos atos processuais prevista em lei.

As custas decorrentes da atuação dos órgãos do Poder Judiciário federal, devidas à União, são disciplinadas na Lei n. 9.289/1996. Por sua vez, as custas decorrentes da atuação dos órgãos da Justiça Estadual, para remuneração dos serviços Judiciários dos estados, são regidas pela respectiva legislação estadual. O art. 24 da Constituição Federal atribui concorrentemente à União e aos estados a competência para legislar sobre custas.

Cabe à parte, portanto, quando ingressa com a ação ou interpõe um recurso, demonstrar que efetuou o pagamento das custas ou o preparo do recurso, juntando aos autos o comprovante de pagamento.

Desse modo, da mesma forma que ocorre na contagem de prazos, a verificação do pagamento das custas da ação ou do preparo do recurso torna-se essencial na triagem dos processos para evitar o desperdício de trabalho e, por conseguinte, buscar maior efetividade.

Após a separação inicial dos processos, seguindo a metodologia do magistrado, os assessores e analistas jurídicos devem se concentrar na elaboração de peças jurídicas, propostas de despachos, sentenças, votos, medidas liminares etc. Os técnicos judiciários que têm formação jurídica, como ocorre na maioria dos casos com os servidores dos tribunais, desempenham a mesma tarefa, visto que representa a maior quantidade de serviço no assessoramento.

Os técnicos judiciários que não têm graduação em Direito podem realizar tarefas administrativas nos gabinetes, como movimentação processual (entrada e saída de processos do gabinete), elaboração de pautas, organização de agendas de sessões e audiências, além de pesquisas de jurisprudência, elaboração de relatórios etc.

Cabe ainda aos assessores, analistas e técnicos judiciários atuar no assessoramento de gabinetes e participar em atos processuais para auxiliar os juízes e os desembargadores.

No primeiro grau, a **audiência** é o ato processual mais comum, e os servidores participam dela de forma a propiciar sua realização. Atualmente, no caso do Judiciário Estadual do Paraná, todas as audiências são filmadas e gravadas em mídias digitais, e seus arquivos integram os autos via sistema eletrônico (sistema Projudi – Processo Eletrônico do Judiciário do Paraná) ou, em caso de processo impresso, por meio de um *CD-ROM* anexado aos autos.

No segundo grau, a participação em atos processuais é mais restrita, pois, nas sessões de julgamento nas quais as câmaras se reúnem semanalmente, o secretariado costuma ser feito por funcionários das divisões.

É importante ter em mente que algumas situações particulares podem ocorrer. Nada impede, por exemplo, que o assessor de gabinete do desembargador que preside a câmara seja designado para secretariar as sessões de julgamento em alguns casos. Em outros, o desembargador pode determinar que um servidor de seu gabinete acompanhe toda a sessão de julgamento, para auxiliá-lo posteriormente na lavratura do acórdão e nas declarações de eventuais divergências nas votações.

2.2 Atividades administrativas e técnicas

Vistos os serviços considerados como de assessoramento, podemos identificar mais funções do assessor jurídico, do analista judiciário e do técnico judiciário; afinal, existem atividades administrativas e técnicas de extrema relevância para o funcionamento da Justiça.

No primeiro grau, os técnicos judiciários atuam em diversas atividades nos fóruns, trabalhando nas escrivanias judiciais, os chamados *cartórios*. De acordo com o dicionário jurídico do jurista De Plácido e Silva (2000, p. 155):

> *Cartório, na terminologia forense, tem significação de determinar, genericamente, toda espécie de ofício ou escrivania judicial, assim se compreendendo os tabelionatos, os registros e demais ofícios de serventia pública. É, pois, sentido que se vem generalizando, e toda repartição de escrivão judicial ou de notário público, se distingue, também, por esta designação, embora, tecnicamente, se costume dar a cada espécie a denominação que lhe é própria: escrivania para a repartição ou estabelecimento do escrivão, tabelionato, para o notário ou tabelião, reservando-se mais propriamente o cartório para os ofícios de registro público.*

Em situação correspondente, *os servidores do segundo grau podem atuar nas câmaras*, que nada mais são que escrivanias do Tribunal de Justiça. Cada uma delas recebe os feitos conforme a matéria sobre a geral versam e estes são distribuídos para os desembargadores e juízes substitutos que compõem a câmara.

Sob a supervisão dos escrivães e diretores de secretaria da câmara, que são os responsáveis pelos cartórios, os técnicos judiciários realizam diversas atividades, entre as quais se destacam a autuação de feitos, a movimentação de processos, o protocolo de petições, os registros em livros etc. Além disso, fazem o atendimento ao público, às partes, aos advogados, aos peritos e oficiais de justiça, permitindo o acesso às informações contidas nos feitos que tramitam, tendo sempre cuidado com os feitos que correm em sigilo.

Como mencionado anteriormente, os assessores, analistas e técnicos judiciários podem secretariar as sessões de julgamento, isto é, anotar os resultados dos julgamentos, o que é feito nas chamadas *papeletas de julgamento*. Elas são juntadas posteriormente aos autos, nos quais deve constar a composição do quórum, a forma como votaram os integrantes da câmara e o resultado do julgamento. Posteriormente, após a sessão de julgamento, os autos voltam aos gabinetes para a lavratura dos acórdãos, que são as decisões propriamente ditas da câmara.

No primeiro grau, do mesmo modo, o analista e o técnico devem participar das audiências e dos demais atos processuais, organizando o local e a forma como ocorre a solenidade e registrando tudo o que ocorrer na ocasião, sempre conforme as orientações do juiz que presidir ato.

Ainda no primeiro grau, "os ocupantes do cargo da carreira de Técnico Judiciário e Técnico de Secretaria podem ser designados para atividades internas e externas concernentes com as atribuições de Oficial de Justiça, Comissário da Infância e Juventude, Porteiro de Auditório e Leiloeiro" (Paraná, 2008b).

Os servidores podem realizar essas atribuições desde que sejam aprovados em curso de qualificação específico para essas atividades, conforme previsão legal do art. 8º da Lei n. 16.748, de 29 de dezembro de 2010 (Brasil, 2010a), que dispõe sobre as carreiras dos funcionários públicos do quadro de pessoal do Poder Judiciário de primeiro grau de jurisdição do Estado do Paraná.

> *Os técnicos judiciários realizam diversas atividades, entre as quais se destacam a autuação de feitos, a movimentação de processos, o protocolo de petições, os registros em livros etc.*

Cabe frisar que a atividade do oficial de justiça é extremamente importante para a efetividade da Justiça, pois sua função é cumprir as determinações do juízo. No entanto, não vamos nos aprofundar nesse tópico, pois as atribuições do oficial de justiça não são abrangidas pelo estudo aqui desenvolvido. As funções específicas desse profissional estão no art. 154 do CC, e incluem executar as ordens do juiz, entregar mandados em cartório após seu cumprimento, auxiliar o juiz na manutenção da ordem, efetuar avaliações e certificar propostas de composição entre as partes.

No quadro da Secretaria do Tribunal de Justiça, assessores e técnicos podem exercer diversas funções em departamentos variados, que não têm, necessariamente ou diretamente, funções relacionadas com atividades jurídicas. É o que ocorre com os departamentos de informática, patrimônio, engenharia, administração, ouvidoria, corregedoria etc.

No departamento de patrimônio, por exemplo, o técnico judiciário atua no controle de todos os móveis, equipamentos e materiais de escritório que pertencem ao Tribunal de Justiça. É o responsável por catalogar esse material, controlar sua destinação, normalmente por meio de etiquetas com códigos de barras, e ainda controlar sua movimentação conforme as necessidades em todas as sedes do Judiciário estadual.

Podemos citar ainda a ouvidoria, canal de comunicação entre a sociedade e o Poder Judiciário estadual que representa um instrumento de consulta e aperfeiçoamento dos serviços da Justiça. Nesse departamento ou órgão, o assessor, analista ou técnico tem, entre outras atribuições, a função de receber informações, sugestões, reclamações, denúncias, críticas e elogios sobre as atividades do Poder Judiciário e encaminhar essas manifestações aos setores administrativos competentes. Ressaltemos que a ouvidoria não tem a atribuição de interferir em momento algum nos processos, o que somente pode ocorrer por meio da atuação do advogado ou defensor público.

Há, ainda, os exemplos de atividades técnicas e administrativas, como a Corregedoria-Geral da Justiça, que atua no Judiciário, mais predominantemente no primeiro grau de jurisdição. Sua função, entre outras, é orientar, fiscalizar e inspecionar permanentemente todos os juízes estaduais e servidores do foro judicial ou extrajudicial. Essa função é exercida em todo o Estado pelo corregedor-geral da Justiça, pelo corregedor adjunto, pelos juízes auxiliares da Corregedoria, por delegação e pelos juízes de direito.

No Estado do Paraná, a equipe técnica que atua na corregedoria é composta pelos chamados *assessores correicionais*, que são servidores, assessores, analistas e técnicos com formação jurídica, além de demais servidores que atuam na parte administrativa do órgão e técnicos motoristas que também trabalham nas correições.

O grupo formado pelos assessores correicionais realiza as atividades de inspeção e fiscalização em todas as escrivanias judiciais e extrajudiciais da comarca ou vara que está sendo correicionada.

Durante essa atividade, os juízes auxiliares realizam a inspeção e a fiscalização do trabalho dos juízes, contando com a ajuda dos assessores para verificar o andamento dos processos, o tempo médio de duração dos feitos, a atuação do magistrado em audiências e atos do processo e a produtividade média do julgador.

Também durante a correição, os técnicos motoristas, além de conduzir os assessores e os juízes, realizam vistorias e tiram fotografias em casas de albergado, orfanatos, locais de atendimento a crianças e adolescentes etc.

2.3 Requisitos

Agora, vamos analisar os requisitos para o ingresso nas carreiras de assessor jurídico, analista judiciário e técnico judiciário.

Como abordamos anteriormente, na Justiça Federal, temos as figuras do analista e do técnico, que ingressam no serviço público por meio de concurso de provas ou de provas e títulos.

Na Justiça Estadual, por sua vez, o assessor jurídico atua especificamente no segundo grau, nos tribunais; o analista judiciário, no primeiro grau, nas varas; enquanto o técnico judiciário pode trabalhar em ambos, tanto no primeiro como no segundo graus. Embora existam cargos comissionados cujas atribuições sejam similares às de assessor jurídico, analista judiciário e técnico judiciário, esses cargos específicos somente podem ser preenchidos mediante concurso público.

Da doutrina, destaca-se o seguinte conceito de *concurso*:

> *o meio técnico posto à disposição da Administração Pública para obter-se moralidade, eficiência e aperfeiçoamento do serviço público e, ao mesmo tempo, propiciar igual oportunidade a todos os interessados que atendam*

> aos requisitos da lei, fixados de acordo com a natureza
> e a complexidade do cargo ou emprego, consoante determina o art. 37, II, da CF. Pelo concurso afastam-se, pois, os ineptos e os apaniguados que costumam abarrotar as repartições, num espetáculo degradante de protecionismo e falta de escrúpulos de políticos que se alçam e se mantêm no poder leiloando cargos e empregos públicos. (Meirelles, 2006, p. 434)

Desse modo, cabe o exame do edital dos concursos específicos para essas carreiras, na medida em que eles estabelecem, além da forma de avaliação, os requisitos que devem ser preenchidos por aqueles que pretendem desenvolver as atividades de assessor jurídico, analista judiciário ou técnico judiciário.

Segundo prevê o art. 37, inciso II, da Constituição Federal, a investidura em cargo ou emprego público depende de aprovação prévia em concurso público de provas ou de provas e títulos.

> *embora existam cargos comissionados cujas atribuições sejam similares às de assessor jurídico, analista e técnico judiciário, esses cargos específicos somente podem ser preenchidos mediante concurso público.*

> A realização de certame competitivo prévio ao acesso aos cargos e empregos públicos objetiva realizar princípios consagrados em nosso sistema constitucional, notadamente os princípios da **democracia** e da **isonomia**, e efetiva-se por meio de processo administrativo. Utilizando-se deste mecanismo, atendem-se também as exigências do princípio da **eficiência**, neste momento entendido como a necessidade de selecionar os mais aptos para ocupar as posições em disputa e proporcionar uma atuação estatal otimizada. (Motta, 2006, grifo nosso)

Nesse contexto, o concurso público se caracteriza como processo administrativo voltado à seleção de forma impessoal, em que os mais aptos ocupam cargos ou empregos públicos. Por se tratar de um processo administrativo, deve respeitar a Lei n. 9.784, de 29 de janeiro de 1999 (Brasil, 1999), que regula o processo administrativo e se aplica, mesmo que subsidiariamente, aos concursos públicos.

É importante salientar ainda que, por se tratar de ato da Administração Pública, deve haver respeito aos princípios constitucionais da isonomia, da legalidade, de publicidade, da moralidade, da ampla defesa e do contraditório, da motivação, da razoabilidade e da proporcionalidade, assim como a vinculação ao edital, que passamos a analisar.

Segundo Cármen Lúcia Antunes Rocha (1999, p. 199), como forma de garantir:

> *os princípios constitucionais da igualdade, da impessoalidade, da moralidade administrativa, dentre outros, que dotam de conteúdo específico o princípio da acessibilidade aos cargos públicos aos brasileiros e aos estrangeiros que preencham as condições legais, adota o sistema jurídico brasileiro o concurso público como critério a ser atendido por quem se pretende investir em cargo público.*

O cultuado doutrinador Oswaldo Aranha Bandeira de Mello (1969, p. 398) assim define *concurso*: "é espécie do gênero prova de habilitação. É a prova de habilitação para a escolha dos melhores".

Aqui cabe considerar a importância do edital na regulação do processo de seleção.

> *O edital é ato normativo editado pela administração pública para disciplinar o processamento do concurso*

público. Sendo ato normativo editado no exercício de competência legalmente atribuída, o edital encontra-se subordinado à lei e vincula, em observância recíproca, Administração e candidatos. [...] o poder público exibe suas condições e o candidato, inscrevendo-se, concorda com elas, estando estabelecido o vínculo jurídico do qual decorrem direitos e obrigações. (Motta, 2006)

É justamente em razão dessa vinculação que o edital é chamado de *lei do concurso público*.

Evidentemente, por estar subordinado a um sistema normativo legal, o edital não pode contrariar as leis vigentes nem os comandos e princípios constitucionais. Assim, restrições como idade mínima e máxima, graduação, entre tantos outros requisitos para o acesso aos cargos, empregos e funções públicas, devem ser estabelecidas em lei.

Do mesmo modo, reservas de vagas, como aquelas para portadores de necessidades especiais e afrodescendentes, derivam de determinações legais.

> *Mello (1969, p. 398) define: "concurso é espécie do gênero prova de habilitação. É a prova de habilitação para a escolha dos melhores".*

Tendo em vista os últimos concursos públicos realizados para a seleção dos cargos de assessor jurídico, analista judiciário e técnico judiciário, faremos uma breve análise dos requisitos exigidos.

No âmbito da Justiça Federal, temos o concurso realizado pelo Tribunal Regional Federal (TRF) da 4ª Região, que abrange os Estados do Paraná, de Santa Catarina e do Rio Grande do Sul, com abertura em 2014. Foram oferecidas vagas de analista judiciário em duas áreas – judiciária e apoio especializado – e três especialidades – judiciária, oficial de justiça avaliador federal e informática.

Os requisitos para essas vagas constam no Quadro 2.1.

Quadro 2.1 – Requisitos exigidos para os cargos de analista judiciário em concurso realizado pelo TRF da 4ª Região em 2014

Área e especialidade	Requisitos
Judiciária	Diploma ou certificado, devidamente registrado, de conclusão de curso superior em Direito, fornecido por instituição de nível superior e reconhecido pelo MEC – Ministério da Educação.
Judiciária/Oficial de justiça avaliador federal	Diploma ou certificado, devidamente registrado, de conclusão de curso superior em Direito, fornecido por instituição de nível superior e reconhecido pelo MEC – Ministério da Educação.
Apoio especializado/ Informática	Diploma ou certificado, devidamente registrado, de conclusão de curso superior completo, em qualquer área de formação, fornecido por instituição de nível superior, reconhecido pelo MEC – Ministério da Educação, acompanhado de curso de especialização com carga horária mínima de 360 (trezentos e sessenta) horas na área de Análise de Sistemas, ou qualquer curso superior de Informática, devidamente reconhecido

Fonte: Adaptado de Porto Alegre, 2014.

É interessante observar a exigência de um curso de especialização como requisito para o exercício do cargo, refletindo a possibilidade de o edital direcionar a qualificação dos concorrentes.

No mesmo edital, foram previstas também vagas para técnico judiciário em duas áreas – administrativa e apoio especializado – e quatro especialidades – administrativa, segurança e transporte, contabilidade e tecnologia da informação.

Os requisitos exigidos constam no Quadro 2.2.

Quadro 2.2 – Requisitos exigidos para os cargos de técnico judiciário em concurso realizado pelo TRF da 4ª Região em 2014

Área e especialidade	Requisitos
Administrativa	Comprovante de conclusão de ensino médio ou equivalente, devidamente reconhecido por órgão competente para tal.
Administrativa/ Segurança e transporte	Comprovante de conclusão de ensino médio ou equivalente, devidamente reconhecido por órgão competente para tal e carteira nacional de habilitação, no mínimo, categoria "D".
Apoio especializado/ Contabilidade	Conclusão de curso de ensino médio ou equivalente e Curso Técnico de Contabilidade, devidamente reconhecidos por órgão competente para tal, e registro no Conselho Regional de Contabilidade.
Apoio especializado/ Tecnologia da informação	Comprovante de conclusão de ensino médio ou equivalente, devidamente reconhecido por órgão competente para tal.

Fonte: Adaptado de Porto Alegre, 2014.

Cabe destacar que, na especialidade de contabilidade, há a exigência, além do curso especializado por parte do candidato, de sua inscrição no Conselho Regional de Contabilidade (CRC), certamente pelo fato de tal inscrição ser indispensável em sua atuação no quadro da Justiça Federal.

Para a inscrição na espcialidade de tecnologia da informação, por sua vez, a Administração Pública entendeu não ser conveniente ou necessário exigir qualquer especialização do candidato ao cargo, certamente em razão das atividades desenvolvidas ou até mesmo da possibilidade de se especializar quando assumir o cargo.

Agora, vejamos três concursos recentes ofertados para os cargos de assessor jurídico, analista judiciário e técnico judiciário pelo Tribunal de Justiça do Paraná (TJPR).

No primeiro grau de jurisdição, vamos considerar o concurso realizado em 2009, em que foram oferecidas vagas para os cargos de analista judiciário nas especialidades judiciária, psicologia, contabilidade e assistência social.

Os requisitos necessários podem ser vistos no Quadro 2.3.

Quadro 2.3 – Requisitos exigidos para os cargos de analista judiciário em concurso realizado pelo TJPR e, 2009

Especialidade	Requisitos
Judiciária	Diploma ou certificado de curso de nível superior em Direito, reconhecido pelo MEC.
Psicologia	Diploma ou certificado de curso de nível superior em Psicologia, reconhecido pelo MEC.
Contabilidade	Diplomas ou certificados de curso de nível superior em Contabilidade, reconhecido pelo MEC.
Assistência social	Diplomas ou certificados de curso de nível superior em Assistência Social, reconhecido pelo MEC.

Fonte: Adaptado de Paraná, 2009.

Esse mesmo concurso também abriu vagas para o cargo de técnico judiciário. Os requisitos constam no Quadro 2.4.

Quadro 2.4 – Requisitos exigidos para o cargo de técnico judiciário em concurso realizado pelo TJPR em 2009

Cargo	Requisito
Técnico judiciário	Comprovante de conclusão do ensino médio (antigo 2º grau) ou equivalente, devidamente reconhecido pelo MEC.

Fonte: Adaptado de Paraná, 2009.

O TJPR também abriu concurso em 2013 para o cargo de assessor jurídico (Paraná, 2013b). O edital do concurso não traz os requisitos para o ingresso na carreira diretamente, mas o faz de maneira indireta. Ao tratar das atividades a serem desenvolvidas, esclarece que compete ao assessor jurídico realizar atividades inerentes à graduação de bacharel em Direito, restringindo assim o pleito somente aos candidatos com graduação superior específica nesse curso.

Ainda no ano de 2013 foi iniciado processo seletivo para o provimento de cargo de técnico judiciário do Grupo Ocupacional Intermediário de Apoio Administrativo (IAD), do quadro de pessoal da secretaria do TJPR. Os requisitos exigidos constam no Quadro 2.5.

Quadro 2.5 – Requisitos exigidos para o cargo de técnico judiciário em processo seletivo do Grupo Ocupacional Intermediário de Apoio Administrativo – TJPR em 2013

Cargo	Requisito
Técnico judiciário	Comprovante de conclusão do ensino médio em instituição de ensino reconhecida pelo MEC.

Fonte: Elaborado com base em Paraná, 2013c.

Síntese

Neste capítulo, apresentamos as funções desempenhadas pelo assessor jurídico, pelo analista judiciário e pelo técnico judiciário, de modo a estabelecer melhor diferenciação entre suas atribuições.

Como destacamos, existem, na função de assessoramento, diferentes tarefas a serem realizadas pelos servidores, evidenciando a importância do procedimento de triagem dos feitos, da verificação de prazos, do pagamento de custas, das fases do processo etc.

Demonstramos também que as atividades administrativas e técnicas realizadas pelos servidores apresentam grande relevância na prestação jurisdicional. Por fim, analisamos os requisitos para o ingresso nas carreiras de assessor jurídico, analista judiciário e técnico judiciário, com as exigências específicas para cada cargo.

Questões para revisão

1) As atividades desenvolvidas por assessores jurídicos, analistas judiciários e técnicos judiciários são completamente distintas? É possível que esses profissionais realizem atividades em conjunto?
2) Qual é a importância da atividade de assessoramento?
3) Assinale a alternativa que especifica as atividades iniciais do assessoramento:
    a. Triagem; verificação de prazos; verificação de pagamento de custas processuais.
    b. Autenticação; numeração de autos; encaminhamento do processo.
    c. Digitalização; participação em atos processuais; elaboração de peças processuais.
    d. Digitação; elaboração de atas; acompanhamento de sessões de julgamento.
4) Segundo o art. 154 do Código de Processo Civil – Lei n. 13.105, de 16 de março de 2015 (Brasil, 2015) –, **não** representa incumbência do oficial de justiça:
    a. executar as ordens do juiz a que estiver subordinado.
    b. auxiliar o juiz na manutenção da ordem.
    c. efetuar avaliações, quando for o caso.
    d. emitir certidões sobre o andamento dos processos.

5) O concurso público deve ser formulado com respeito aos princípios constitucionais de:
   a. igualdade, ampla defesa, contraditório e razoabilidade.
   b. isonomia, legalidade, publicidade, moralidade, ampla defesa, contraditório, motivação, razoabilidade e proporcionalidade.
   c. moralidade, disponibilidade, previsibilidade e dotação orçamentária.
   d. equidade, publicidade, garantia e motivação dos atos administrativos.

Questões para reflexão

1) Como expusemos, no concurso realizado pelo Tribunal Regional Federal (TRF) da 4ª Região em 2014, as vagas para os cargos de analista judiciário eram relativas a duas áreas e três especialidades. Considere os requisitos exigidos para o exercício desses cargos e reflita sobre essa exigência.

2) Também mostramos que, nesse mesmo concurso realizado pelo TRF da 4ª Região em 2014, as vagas para os cargos de técnico judiciário eram relativas a quatro especialidades. Considere os requisitos exigidos para o exercício desses cargos e reflita sobre essa exigência.

Consultando a legislação

Se você quiser aprofundar-se no estudo dos temas abordados neste capítulo, consulte os documentos indicados a seguir.

BRASIL. Constituição (1988). **Diário Oficial da União**, Brasília, DF, 5 out. 1988. Disponível em: <http://www.planalto.gov.br/ccivil_03/constituicao/ConstituicaoCompilado.htm>. Acesso em: 6 set. 2017.

_____. Constituição (1988). Emenda Constitucional n. 45, de 30 de dezembro de 2004. **Diário Oficial da União**, Brasília, DF, 31 dez. 2004. Disponível em: <http://www.planalto.gov.br/ccivil_03/Constituicao/Emendas/Emc/emc45.htm>. Acesso em: 6 set. 2017.

_____. Lei n. 1.060, de 5 de fevereiro de 1950. **Diário Oficial da União**, Poder Legislativo, Brasília, DF, 13 fev. 1950. Disponível em: <http://www.planalto.gov.br/ccivil_03/LEIS/L1060compilada.htm>. Acesso em: 6 set. 2017.

_____. Lei n. 5.869, de 11 de janeiro de 1973. **Diário Oficial da União**, Poder Legislativo, Brasília, DF, 17 jan. 1973. Disponível em: <http://www.planalto.gov.br/ccivil_03/leis/L5869.htm>. Acesso em: 6 set. 2017.

_____. Lei n. 8.069, de 13 de julho de 1990. **Diário Oficial da União**, Poder Legislativo, Brasília, DF, 16 jul. 1990. Disponível em: <http://www.planalto.gov.br/ccivil_03/LEIS/L8069.htm>. Acesso em: 6 set. 2017.

_____. Lei n. 9.099, de 26 de setembro de 1995. **Diário Oficial da União**, Poder Legislativo, Brasília, DF, 27 set. 1995. Disponível em: <http://www.planalto.gov.br/ccivil_03/Leis/L9099.htm>. Acesso em: 6 set. 2017.

_____. Lei n. 9.289, de 4 de julho de 1996. **Diário Oficial da União**, Poder Executivo, Brasília, DF, 5 jul. 1996. Disponível em: <http://www.planalto.gov.br/ccivil_03/leis/L9289.htm>. Acesso em: 6 set. 2017.

_____. Lei n. 9.784, de 29 de janeiro de 1999. **Diário Oficial da União**, Poder Legislativo, Brasília, DF, 1º fev. 1999. Disponível em: <http://www.planalto.gov.br/ccivil_03/LEIS/L9784.htm>. Acesso em: 6 set. 2017.

BRASIL. Lei n. 10.741, de 1º de outubro de 2003. **Diário Oficial da União**, Poder Legislativo, Brasília, DF, 3 out. 2003. Disponível em: <http://www.planalto.gov.br/ccivil_03/leis/2003/L10.741.htm>. Acesso em: 6 set. 2017.

_____. Lei n. 13.105, de 16 de março de 2015. **Diário Oficial da União**, Poder Legislativo, Brasília, DF, 17 mar. 2015. Disponível em: <http://www.planalto.gov.br/ccivil_03/_Ato2015-2018/2015/Lei/L13105.htm>. Acesso em: 6 set. 2017.

PARANÁ. Lei n. 16.748, de 29 de dezembro de 2010. **Diário Oficial do Estado do Paraná**, Poder Legislativo, Curitiba, 29 dez. 2010. Disponível em: <http://www.legislacao.pr.gov.br/legislacao/pesquisarAto.do?action=exibir&codAto=58515&codItemAto=451312#451312>. Acesso em: 6 set. 2017.

III

Conteúdos do capítulo:

» Diferentes áreas de atuação do assessor jurídico, do analista judiciário e do técnico judiciário.
» Justiça Federal.
» Tribunais superiores.
» Justiça Estadual.
» Órgãos do Tribunal de Justiça.
» Atendimento ao público.

Neste capítulo, abordaremos as áreas de atuação do assessor jurídico, do analista judiciário e do técnico judiciário. Além disso, trataremos do atendimento ao público, importante atividade que precisa ser desempenhada por esses profissionais e que nem sempre é considerada nos estudos sobre o assunto.

Áreas de atuação

3.1 Justiça Federal

A competência da Justiça Federal é definida pela Constituição Federal de 1988 em seu art. 109 (Brasil, 1988):

> Art. 109. Aos juízes federais compete processar e julgar:
> I – as causas em que a União, entidade autárquica ou empresa pública federal forem interessadas na condição de autoras, rés, assistentes ou oponentes, exceto as de falência, as de acidentes de trabalho e as sujeitas à Justiça Eleitoral e à Justiça do Trabalho;
> II – as causas entre Estado estrangeiro ou organismo internacional e Município ou pessoa domiciliada ou residente no País;
> III – as causas fundadas em tratado ou contrato da União com Estado estrangeiro ou organismo internacional;
> IV – os crimes políticos e as infrações penais praticadas em detrimento de bens, serviços ou interesse da União ou de suas entidades autárquicas ou empresas públicas, excluídas as contravenções e ressalvada a competência da Justiça Militar e da Justiça Eleitoral;
> V – os crimes previstos em tratado ou convenção internacional, quando, iniciada a execução no País, o resultado tenha ou devesse ter ocorrido no estrangeiro, ou reciprocamente;
> V-A – as causas relativas a direitos humanos a que se refere o § 5º deste artigo; (Incluído pela Emenda Constitucional n. 45, de 2004);
> VI – os crimes contra a organização do trabalho e, nos casos determinados por lei, contra o sistema financeiro e a ordem econômico-financeira;
> VII – os *habeas corpus*, em matéria criminal de sua competência ou quando o constrangimento provier de autoridade cujos atos não estejam diretamente sujeitos a outra jurisdição;

> VIII – os mandados de segurança e os *habeas data* contra ato de autoridade federal, excetuados os casos de competência dos tribunais federais;
> IX – os crimes cometidos a bordo de navios ou aeronaves, ressalvada a competência da Justiça Militar;
> X – os crimes de ingresso ou permanência irregular de estrangeiro, a execução de carta rogatória, após o "exequatur", e de sentença estrangeira, após a homologação, as causas referentes à nacionalidade, inclusive a respectiva opção, e à naturalização;
> XI – a disputa sobre direitos indígenas. [...]

A Justiça Federal é constituída por Tribunais Regionais Federais (TRFs) e seções, enquanto a Justiça Estadual, sob o ponto de vista territorial, é composta por tribunais e comarcas.

Desse modo, os analistas judiciários e técnicos dos quadros da Justiça Federal atuam nos gabinetes dos juízes, nas varas e nas seções, em primeiro grau, ou em gabinetes de desembargadores e nas secretarias, nos TRFs.

Como mencionamos anteriormente, a competência da Justiça Estadual engloba tudo o que não estiver afeto às outras justiças. Assim, por exceção, o que não for da Justiça especial (Eleitoral, Militar e do Trabalho) nem da Justiça Federal é de competência da Justiça Estadual.

É importante ressaltar que existem várias regras para definir as competências de natureza objetiva, funcional e territorial, porém não cabe neste estudo abordar tais regramentos.

3.2 Tribunais superiores

Em nosso sistema jurídico, os tribunais superiores são o Supremo Tribunal Federal (STF), o Superior Tribunal de Justiça (STJ), o Tribunal Superior do Trabalho (TST), o Tribunal Superior Eleitoral (TSE) e o Superior Tribunal Militar (STM). Tais tribunais realizam revisões das decisões proferidas por outros órgãos do Judiciário, respeitando a competência para tanto. Em alguns casos, eles possuem competência originária, isto é, em algumas matérias ou sobre algumas pessoas, somente tais tribunais têm o poder de julgamento.

É isso o que determinam os arts. 101 a 104 da Constituição Federal de 1988. Podemos citar, por exemplo, a competência do STF para processar e julgar "a ação direta de inconstitucionalidade de lei ou ato normativo federal ou estadual e a ação declaratória de constitucionalidade de lei ou ato normativo federal" (Brasil, 1988), bem como as infrações penais comuns cometidas pelo presidente da República, pelo vice-presidente, pelos membros do Congresso Nacional, por seus próprios ministros e pelo procurador-geral da República.

Vale mencionar, ainda que pareça evidente, que os assessores jurídicos, os analistas judiciários e os técnicos judiciários que atuam nas chamadas *Justiças especializadas*, consequentemente, trabalham diretamente nessas áreas. É o que ocorre nas Justiças do Trabalho, Eleitoral e Militar.

3.3 Justiça Estadual

Como afirmamos anteriormente, toda a matéria residual, isto é, que não couber à Justiça Federal ou às Justiças especializadas, é de competência do primeiro grau da Justiça Estadual.

Os tribunais dos estados – *tribunais de justiça*, como são denominados – existem em todas as capitais, inclusive no Distrito Federal. As comarcas, com uma única ou com várias varas (civil, criminal e especializadas), estão espalhadas por todo o país, em todos os estados, abrangendo todos os municípios.

A cúpula do Tribunal de Justiça é composta pelo presidente, pelos vice-presidentes e pelo corregedor-geral da justiça.

Com fundamento no art. 96, inciso I, alínea "a", da Constituição Federal, os tribunais de justiça têm competência para elaborar seus regimentos internos, os quais, entre outras coisas, dispõem sobre a competência de seus órgãos para os julgamentos dos feitos.

O Regimento Interno do Tribunal de Justiça do Paraná define quais são esses órgãos (Paraná, 2010b):

» Tribunal Pleno;
» Órgão Especial;
» Seção Cível;
» Seção Criminal;
» Câmaras em Composição Integral;
» Câmaras Isoladas;
» Núcleo de Conciliação;
» Plantão Judiciário em Segundo Grau de Jurisdição;
» Conselho da Magistratura.

Analisaremos com mais detalhes os quatro primeiros desses órgãos na sequência.

3.3.1 Tribunal Pleno

O Tribunal Pleno é constituído por todos os membros do Tribunal de Justiça. Hoje, por exemplo, o Estado de Santa Catarina conta com 62 desembargadores, São Paulo com 359 e Minas Gerais com 140 desembargadores.

No caso do Estado do Paraná, são 120 desembargadores e o Tribunal Pleno tem as seguintes competências privativas (Paraná, 2010b, p. 55):

> I – eleger em sessão pública, mediante votação secreta, seus dirigentes, quatro integrantes do Conselho da Magistratura, doze do Órgão Especial, bem como o Ouvidor-Geral e seu substituto;
> II – eleger em sessão pública, mediante votação secreta, os Desembargadores e Juízes de Direito, na condição de membros efetivos e substitutos, para compor o Tribunal Regional Eleitoral [...];
> III – indicar em sessão pública, mediante votação secreta, os advogados para compor o Tribunal Regional Eleitoral;
> IV – organizar em sessão pública, mediante votação aberta, a lista para provimento de cargo de desembargador;
> V – dar posse aos membros do Tribunal [...];
> VI – celebrar acontecimento especial, bem como prestar homenagem a desembargador que deixar de integrá-lo;
> VII – aprovar e emendar o Regimento Interno.

3.3.2 Órgão Especial

No Estado do Paraná, o Órgão Especial é composto por 25 membros, sendo eles o presidente do Tribunal de Justiça, o primeiro vice-presidente, o corregedor-geral da justiça e mais 22 desembargadores, entre os quais 13 integram o colegiado por antiguidade e os outros 12 são eleitos pelo Tribunal Pleno.

As atribuições do Órgão Especial são de extrema importância para a Justiça Estadual. Entre elas, destacam-se as seguintes (Paraná, 2010b, p. 58-59):

> I – aprovar a proposta do orçamento da despesa do Poder Judiciário [...];
> [...]
> IV – deliberar sobre pedido de informação de comissão parlamentar de inquérito;
> V – propor ao Poder Legislativo a criação ou extinção de cargos e a fixação dos respectivos vencimentos;
> [...]
> VII – autorizar a instalação de Câmaras, Comarcas, Varas e Ofícios de Justiça;
> VIII – determinar a instauração de processo administrativo disciplinar contra magistrado, aplicando as penalidades cabíveis;
> IX – deliberar acerca da aposentadoria de magistrado;
> X – homologar o resultado de concurso para o ingresso na Magistratura;
> XI – solicitar a intervenção federal nos casos previstos na Constituição Federal;
> [...]
> XXI – indicar os magistrados para efeito de remoção, opção e promoção em primeiro grau de jurisdição; [...].

Compete, ainda, privativamente ao Órgão Especial, por delegação do Tribunal Pleno, a competência para processar e julgar originariamente os mandados de segurança, os mandados de injunção e os *habeas data* contra (Paraná, 2010b, p. 62):

> a) seus atos, do Tribunal Pleno, do presidente do Tribunal, dos Vice-Presidentes do Tribunal, do Corregedor-Geral da Justiça, do Corregedor, do Conselho da Magistratura, da Seção Cível, da Seção Criminal e da Comissão de Concurso para provimento de cargo de Juiz Substituto;

b) atos do Governador do Estado;

c) atos do presidente, dos Vice-Presidentes, dos Secretários, da Mesa Executiva e das Comissões permanentes e temporárias da Assembleia Legislativa, bem como do Conselho de Ética e Decoro Parlamentar, da Procuradoria Parlamentar e da Corregedoria Parlamentar;

d) atos do Procurador-Geral de Justiça, dos Subprocuradores-Gerais de Justiça, do Colégio de Procuradores de Justiça, do Órgão Especial do Colégio de Procuradores de Justiça, do Conselho Superior do Ministério Público, do Corregedor-Geral do Ministério Público e da Comissão de Concurso para provimento de cargo de Promotor de Justiça Substituto;

e) atos do Presidente, do Vice-Presidente, do Corregedor-Geral, do Pleno e das Câmaras do Tribunal de Contas, do Procurador-Geral do Ministério Público junto ao Tribunal de Contas, do Colégio de Procuradores do Ministério Público de Contas, da Comissão de Concurso para provimento de cargo de Procurador do Ministério Público junto ao Tribunal de Contas e da Comissão de Concurso para provimento de cargo de Auditor do Tribunal de Contas;

f) os atos do Defensor Público-Geral, do Subdefensor Público-Geral do Estado, do Conselho Superior da Defensoria Pública do Estado, da Corregedoria-Geral da Defensoria Pública do Estado, da Ouvidoria-Geral da Defensoria Pública do Estado e da Comissão de Concurso para provimento de cargo de Defensor Público.

Destacamos, ainda, a competência originária do Órgão Especial para processar e julgar (Paraná, 2010b, p. 63):

a) nos crimes comuns e de responsabilidade, os Deputados Estaduais, os Juízes de Direito e Juízes Substitutos, os Secretários de Estado e os membros do Ministério Público, ressalvada a competência da Justiça Eleitoral, e, nos crimes comuns, o Vice-Governador do Estado;

b) a exceção da verdade, quando oposta e admitida, nos processos por crimes contra a honra, em que forem querelantes as pessoas sujeitas à sua jurisdição;

c) os *habeas corpus* quando o paciente for autoridade diretamente sujeita à sua jurisdição;

d) as habilitações e outros incidentes, nos processos de sua competência originária ou recursal;

e) as ações rescisórias e as revisões criminais de seus acórdãos;

f) os impedimentos e as suspeições opostas a Desembargadores, Juízes de Direito Substitutos em Segundo Grau, ao Procurador-Geral de Justiça, a Procuradores de Justiça e Promotores de Justiça Substitutos em Segundo Grau;

g) a execução do julgado em causas de sua competência originária, facultada a delegação de competência para a prática de atos processuais não decisórios;

h) os pedidos de intervenção federal no Estado;

i) as ações diretas de inconstitucionalidade e declaratórias de constitucionalidade de leis ou de atos normativos estaduais e municipais contestados em face da Constituição Estadual e a inconstitucionalidade por omissão de medida para tornar efetiva norma constitucional;

j) as reclamações para preservar a sua competência ou garantir a autoridade das suas decisões;

k) as causas e os conflitos entre o Estado e os Municípios, inclusive entre as respectivas entidades da Administração Indireta.

No TJPR, existe um grupo de servidores que atua na assessoria do Órgão Especial. Esse grupo é formado por assessores jurídicos que atuam exclusivamente nos feitos do Órgão Especial, prestando assessoria aos desembargadores que participam do colegiado. Essa assessoria consiste em elaboração de propostas de voto e estudos de jurisprudência que são encaminhados para os gabinetes dos julgadores.

3.3.3 Seção Cível

A Seção Cível do TJPR é composta por dois desembargadores de Câmaras Cíveis e é o órgão que decide, entre outras coisas, os incidentes de uniformização de jurisprudência das câmaras.

A jurisprudência, como abordaremos em mais detalhes posteriormente, diz respeito às decisões e aos posicionamentos da Corte. Assim, ao julgarem os incidentes de uniformização da jurisprudência, as Seções Cível e Criminal buscam fazer que, de certa maneira, coincidam as formas de decidir dos órgãos julgadores.

As **Câmaras em Composição Integral** são compostas por todos os desembargadores que compõem as Câmaras Cíveis e Criminais, para que decidam sobre diversos assuntos, destacando-se os conflitos de competência entre os juízes em exercício em primeiro grau de jurisdição, as ações rescisórias dos acórdãos das Câmaras Cíveis Isoladas, as revisões criminais dos Acórdãos das Câmaras Criminais Isoladas e as sentenças de primeiro grau de jurisdição.

Nas **Câmaras Isoladas**, a competência é dividida em razão da matéria, conforme a previsão legal do Regimento Interno.

Para ilustrar como se configura a área de atuação dos assessores jurídicos e técnicos judiciários que trabalham nos gabinetes de desembargadores e juízes substitutos de segundo grau, é pertinente elencar a distribuição dos feitos nas Câmaras Cíveis.

Competem à Primeira, à Segunda e à Terceira Câmaras Cíveis (Paraná, 2010b, p. 74):

> a) quaisquer ações e execuções relativas a matéria tributária;
> b) ações relativas a responsabilidade civil em que for parte pessoa jurídica de direito público ou respectivas autarquias, fundações de direito público e entidades paraestatais;
> c) ações relativas a servidores públicos em geral, exceto as concernentes à matéria previdenciária; [...]

A Quarta e a Quinta Câmaras Cíveis têm competência para processar e julgar (Paraná, 2010b, p. 74-75):

> a) Ação popular, exceto as concernentes a matéria tributária, a previdência pública e privada e a ensino público e particular;
> b) Ação decorrente de ato de improbidade administrativa;
> c) Ação civil pública, exceto as concernentes a matéria tributária, a previdência pública e privada e a ensino público e particular [...];
> d) Ações e execuções relativas a penalidades administrativas que não possuam natureza tributária;
> e) Ações relativas a licitação e contratos administrativos;
> f) Ações de desapropriação, inclusive a indireta;
> g) Ações relativas a concursos públicos;
> h) Mandados de segurança e de injunção contra atos ou omissões de agentes ou órgãos públicos, ressalvada outra especialização;
> i) Pedidos de intervenção estadual nos municípios;
> j) Ações relativas a proteção do meio ambiente, exceto as que digam respeito a responsabilidade civil;
> k) [...] demais ações e recursos que figure como parte pessoa jurídica de direito público ou respectivas autarquias, fundações de direito público e entidades paraestatais;

> l) Ações relativas ao direito de greve dos servidores públicos municipais e estaduais;
> m) Ações relativas a servidores públicos em geral, exceto as concernentes a matéria previdenciária. [...]

Na Sexta e Sétima Câmaras Cíveis, são processadas e julgadas (Paraná, 2010b, p. 76):

> a) Ações relativas a previdência pública e privada;
> b) Ações concernentes a ensino público e particular;
> c) Ações e recursos alheios às áreas de especialização.

As competências da Oitava, da Nona e da Décima Câmaras Cíveis são (Paraná, 2010b, p. 76):

> a) ações relativas a responsabilidade civil, inclusive as decorrentes de acidente de veículo e de acidente de trabalho [...];
> b) ações relativas a condomínio em edifício;
> c) ações relativas a contrato de seguro de qualquer natureza, inclusive as execuções dele derivadas e as ações decorrentes de plano de saúde; [...]

Quanto à Décima Primeira e à Décima Segunda Câmaras Cíveis, sua competência restringe-se a (Paraná, 2010b, p. 76-77):

> a) ações relativas a Direito de Família, união estável e homoafetiva;
> b) ações relativas ao Estatuto da Criança e do Adolescente, ressalvada a matéria infracional;
> c) ações relativas ao Direito das Sucessões;
> d) ações relativas a Registros Públicos;
> e) ações relativas a arrendamento rural, a parceria agrícola e a empreitada;

> f) ações relativas a locação em geral, inclusive as execuções dela derivadas;
> g) ações relativas a prestação de serviços, exceto quando concernente exclusivamente a responsabilidade civil;
> h) ações e recursos alheios à área de especialização. [...]

Competem à Décima Terceira, à Décima Quarta, à Décima Quinta e à Décima Sexta Câmaras Cíveis (Paraná, 2010b, p. 77):

> a) execuções fundadas em título extrajudicial e as ações a ele relativas, inclusive quando cumuladas com pedido de indenização;
> b) ações relativas a negócios jurídicos bancários e cartões de crédito, inclusive quando cumuladas com pedido de indenização; [...].

Por fim, compete à Décima Sétima e à Décima Oitava Câmaras Cíveis (Paraná, 2010b, p. 77):

> a) ações relativas ao domínio e à posse pura, excetuadas [...] as decorrentes de resolução e nulidade de negócios jurídicos;
> b) ações relativas ao Direito Falimentar, exceto a matéria penal;
> c) ações decorrentes de dissolução e liquidação de sociedade;
> d) ações relativas ao arrendamento mercantil;
> e) ações relativas a contratos de consórcio de bem móvel ou imóvel;
> f) ações e recursos alheios às áreas de especialização.

3.3.4 Seção Criminal

A Seção Criminal é um órgão composto por dois desembargadores de Câmaras Criminais, que decidem, entre outras coisas, os incidentes de uniformização de jurisprudência das câmaras.

Na distribuição entre as câmaras especializadas, competem à Primeira Câmara Criminal (Paraná, 2010b, p. 79):

> a) crimes contra a pessoa, exceto os contra a honra;
> b) crimes militares definidos em lei;
> c) processos oriundos do Conselho de Justificação da Polícia Militar; [...]

A Segunda Câmara Criminal tem competência para processar e julgar (Paraná, 2010b, p. 79-80):

> a) infrações penais atribuídas a Prefeitos Municipais;
> b) crimes contra a administração pública;
> c) crimes contra a fé pública;
> d) crimes contra a honra;
> e) crimes contra a incolumidade pública, incluídos os definidos no Estatuto do Desarmamento;
> f) crimes contra a ordem tributária e econômica, contra as relações de consumo e falimentares;
> g) crimes ambientais;
> h) demais infrações penais, na proporção de metade do que delas for distribuído, isoladamente, à Terceira, à Quarta e à Quinta Câmara Criminal;
> i) atos infracionais previstos no Estatuto da Criança e do Adolescente e por esses indivíduos praticados. [...]

À Terceira, à Quarta e à Quinta Câmaras Criminais cabem (Paraná, 2010b, p. 80):

> a) crimes contra o patrimônio;
> b) crimes contra a dignidade sexual;
> c) crimes contra a paz pública;
> d) infrações penais relativas a tóxicos e entorpecentes;
> e) demais infrações penais.

É necessário ressaltar que há uma regra de distribuição no que se refere às "demais infrações penais", sendo atribuída à Segunda Câmara a metade do que for distribuído à Terceira, à Quarta e à Quinta.

3.3.5 Demais áreas de atuação

Novamente destacamos que a diferenciação das áreas de atuação é um aspecto de suma importância para o trabalho desenvolvido por assessores jurídicos, analistas judiciários e técnicos judiciários.

No primeiro grau de jurisdição, os analistas e técnicos podem, dependendo da conveniência e da oportunidade, trabalhar em varas e gabinetes de juízes, escolhendo as matérias com as quais tenham maior identificação (civil, criminal, tributária, execução penal etc.).

O mesmo ocorre no segundo grau, pois os assessores jurídicos e os técnicos judiciários, que em sua maioria têm formação jurídica, podem procurar atuar em gabinetes e secretarias de câmaras com cujas matérias tenham maior afinidade.

Tal fato ocorre porque, no curso de Direito, como acontece em diversos outros, a especialização é um caminho natural e, tanto na advocacia como na assessoria, por exemplo, é comum os profissionais buscarem aperfeiçoamento profissional em determinado ramo do conhecimento.

Considerando ainda a estrutura do TJPR, devemos destacar o **Núcleo de Conciliação**. De acordo com o art. 95 do Regimento Interno desse órgão (Paraná, 2010b, p. 81), ao Núcleo de Conciliação "compete buscar a conciliação em segundo grau de jurisdição nos processos que lhe forem encaminhados para essa finalidade, inclusive entre os oriundos das Turmas Recursais".

Turmas Recursais são órgãos colegiados que revisam as decisões dos julgadores dos Juizados Especiais. Representam, desse modo, o segundo grau de jurisdição, específico nos termos do art. 17 da Lei n. 12.153, de 22 de dezembro de 2009 (Brasil, 2009b).

O mencionado art. 95 do Regimento Interno do TJPR, em seu inciso I, ainda determina:

> I – *o Núcleo de Conciliação terá funcionários e estagiários em número adequado às suas necessidades, aos quais incumbirão o recebimento dos autos, a organização da pauta de audiências de conciliação, o chamamento das partes e seus advogados e o encaminhamento dos feitos conciliados, ou não, aos locais de origem; [...]*
> (Paraná, 2010b, p. 81)

Cabe citar também como área de atuação de assessores jurídicos e técnicos judiciários no TJPR o Plantão Judiciário em segundo grau. Ele atende todos os feitos urgentes "nos dias em que não houver expediente forense, e, nos dias úteis, antes ou após o expediente normal, nos termos disciplinados pela Corregedoria-Geral da Justiça" (Paraná, 2010b, p. 92-93).

O assessor jurídico e o técnico judiciário também podem atuar no Conselho da Magistratura, pois tal órgão tem função regulamentadora e disciplinar de magistrados e servidores. Além disso, podem atuar na presidência, nas vice-presidências e na Corregedoria-Geral da Justiça. Na presidência, o desempenho dos servidores pode ser nas mais variadas esferas administrativas, bem como na assessoria jurídica.

Na primeira vice-presidência, a atuação dos assessores jurídicos torna-se relevante na medida em que o cargo tem a atribuição de "processar e exercer juízo de admissibilidade de recursos para as instâncias superiores e decidir questões sobre eles incidentes, inclusive suspensão do trâmite de recursos vinculados ao regime de repercussão geral e repetitivos, além de medidas cautelares [...]" (Paraná, 2010b, p. 25).

À segunda vice-presidência, além das diversas atribuições administrativas, compete também a supervisão geral dos sistemas dos juizados especiais.

Como função principal da Corregedoria-Geral da Justiça, destaca-se a realização das "correições extraordinárias gerais ou parciais e das inspeções correicionais que entenda fazer ou haja de realizar por determinação do Órgão Especial ou do Conselho da Magistratura" (Paraná, 2010b, p. 26).

3.4 Atendimento ao público

Os assessores jurídicos, os analistas judiciários e os técnicos judiciários têm mais uma atribuição importante: o atendimento ao público. Seja em gabinetes, na atividade de assessoramento, seja em divisões, varas, ofícios judiciais e cartórios, no primeiro e no segundo graus de jurisdição, o trabalho é de extrema relevância. Em suma, o atendimento ao público é uma atividade essencial do servidor, pois representa, em análise mais direta, o acesso à Justiça em si.

Na Justiça Estadual do Paraná, existem atualmente 144 comarcas, incluindo 17 foros regionais com estrutura de comarca, totalizando 161 unidades jurisdicionais.

Segundo fixado pelo Órgão Especial, conforme o art. 213 do Código de Organização e Divisão Judiciária (CODJ) – Lei Estadual n. 14.277, de 30 de dezembro de 2003 (Paraná, 2003) –, e pelo Estatuto dos Funcionários do Poder Judiciário do Estado do

Paraná – Lei Estadual n. 16.024, de 19 de dezembro de 2008 (Paraná, 2008c) –, o horário de atendimento ao público no foro judicial é das 12h às 18h, de segunda-feira à sexta-feira, e a jornada normal de trabalho dos servidores é das 12h às 19h.

> *O atendimento ao público de uma atividade essencial do servidor, pois representa, em uma análise mais direta, o acesso à Justiça em si.*

No **plantão judiciário**, o atendimento ocorre em dias úteis, em regime de permanência das 18h às 21h e em regime de sobreaviso no restante do período fora do horário de atendimento ao público externo. Nos fins de semana, nos feriados e nos períodos de recesso, ou seja, nos dias em que não há expediente forense, o atendimento ocorre em regime de permanência das 9h às 13h e em regime de sobreaviso no restante do período.

Na **Justiça Federal**, as subseções judiciárias realizam atendimento ao público das 13h às 18h em todo o Estado do Paraná, e a Subseção Judiciária de Curitiba tem funcionamento das 13h às 19h – das 18h às 19h exclusivamente para o recebimento de petições e recursos.

Além disso, na Seção de Apoio aos Juizados Especiais, também na Subseção Judiciária de Curitiba, o atendimento ao público ocorre das 8h às 15h.

O atendimento ao público é, muitas vezes, o primeiro contato entre o cidadão e a Justiça, razão por que é um serviço de extrema importância a ser realizado por todos os servidores do Poder Judiciário.

Nesse contexto, o funcionário que lida com o atendimento de pessoas não deve conhecer apenas os aspectos técnicos de sua função, mas também a história, a filosofia, a missão da instituição em que trabalha, como ela se organiza com relação à hierarquia e quem são as pessoas que ocupam os devidos cargos.

Quando tratamos do atendimento ao público, imediatamente devemos considerar um dos princípios que regem a Administração Pública, previsto no art. 37 da Constituição Federal: o **princípio da eficiência**.

A eficiência é um elemento essencial na representatividade da qualidade do atendimento. Nos dias de hoje, aquele que procura os serviços públicos é o mesmo que consome produtos de alta tecnologia e não deseja mais conviver com procedimentos lentos, burocráticos e desatualizados, muito menos com funcionários despreparados e mal-humorados.

> *O atendimento ao público é, muitas vezes, o primeiro contato entre o cidadão e a Justiça, razão por que é um serviço de extrema importância a ser realizado por todos os servidores do Poder Judiciário.*

Somado a isso, há o fato de que o cidadão que procura os serviços públicos (no caso o acesso à Justiça), é aquele que paga por tais serviços, seja por meio de tributos, seja pelas próprias custas processuais. Do funcionário que atua nos setores em que se trabalha com a população em geral exige-se uma postura correta, ética, bem como a demonstração de interesse pelos problemas para os quais o usuário procura solução.

Com relação aos advogados, também deve existir a preocupação em estabelecer uma relação apropriada. Novamente é preciso considerar que se trata de um instrumento de acesso à Justiça e, por isso, o causídico deve ser atendido da melhor maneira possível pelos servidores, de forma a ter seu trabalho cotidiano facilitado.

A Administração Pública deve buscar conciliar eficiência e qualidade nos serviços de atendimento ao público, com a capacitação dos servidores que atuam especificamente nessa função, bem como dispor de funcionários suficientes para a demanda de determinados locais de atendimento.

Nesse sentido, cabe aos servidores que atuam no planejamento e na chefia de departamentos e divisões observar as circunstâncias de cada situação a fim de avaliar a disponibilidade de servidores para realizar esse importante trabalho. Muitas vezes, a busca pela qualidade no atendimento ao público pode envolver diversas outras atividades que não somente o atendimento em si, as quais podem agilizar e melhorar o serviço prestado.

> *A Administração Pública deve buscar conciliar eficiência e qualidade nos serviços de atendimento ao público, com a capacitação dos servidores que atuam especificamente nessa função, bem como dispor de funcionários suficientes para a demanda de determinados locais de atendimento.*

Como exemplo, podemos citar a **digitalização dos processos**, que constitui um conjunto de ações voltadas para a utilização dos modernos recursos da tecnologia da informação. Essas ações permitem a tramitação virtual do processo, implicando, é claro, a aquisição de equipamentos, o que contribui muito para a agilidade.

Com o processo digital, a consulta processual passa a ser feita também de modo virtual, sem que a parte ou seu advogado necessite ir até o cartório ou a divisão para consultar a movimentação dos processos.

Nesse sentido, a atuação das ouvidorias é fundamental na busca pela melhor qualidade no atendimento ao público do cidadão que procura o Poder Judiciário.

Como mencionamos anteriormente, na Justiça Estadual do Paraná, a Ouvidoria-Geral é o canal de comunicação entre a sociedade e o Poder Judiciário, constituindo ferramenta importante para a valorização da cidadania e a melhoria dos serviços da Justiça. Isso porque a Ouvidoria-Geral tem a função de receber informações, sugestões, reclamações, denúncias, críticas e elogios sobre as atividades do Poder Judiciário e encaminhá-los aos setores administrativos competentes.

Síntese

Neste capítulo, abordamos as diferentes áreas de atuação do assessor jurídico, do analista judiciário e do técnico judiciário, demonstrando que o Poder Judiciário se divide em diferentes órgãos de atuação na prestação jurisdicional, com competência definida na Constituição Federal de 1988.

Descrevemos, de maneira sucinta, as variações de funcionamento da Justiça Federal, dos Tribunais Superiores e da Justiça Estadual, bem como a composição do Tribunal de Justiça, com seus órgãos colegiados, suas funções e competências.

Destacamos também a importância do atendimento ao público realizado por assessores jurídicos, analistas judiciários e técnicos judiciários, seja em gabinetes, na atividade de assessoramento, seja em divisões, varas, ofícios judiciais e cartórios, no primeiro e segundo graus de jurisdição.

Questões para revisão

1) Quais são as diferentes áreas de atuação do assessor jurídico, do analista judiciário e do técnico judiciário?
2) Como é fixada a competência da Justiça Estadual? Explique.
3) Segundo o previsto no art. 109 da Constituição Federal, são de competência da Justiça Federal:

a. crimes cometidos contra o patrimônio de particulares.
b. ações referentes a interesses de crianças e adolescentes.
c. acidentes de trânsito e indenizações para reparações de danos.
d. crimes contra a organização do trabalho e, nos casos determinados por lei, contra o sistema financeiro e a ordem econômico-financeira.

4) Assinale a alternativa que identifica corretamente os órgãos que constituem os tribunais superiores:
   a. Tribunal de Justiça; Tribunal Superior Militar; Tribunal Regional Federal; Seção Criminal.
   b. Supremo Tribunal Federal; Superior Tribunal de Justiça; Tribunal Superior Eleitoral; Tribunal Superior do Trabalho; Superior Tribunal Militar.
   c. Tribunal Superior de Justiça; Órgão Especial; Tribunal Superior do Trabalho; Superior Tribunal Militar.
   d. Tribunal Pleno; Supremo Tribunal Federal; Tribunal Regional Federal; Tribunal Superior do Trabalho;

5) Qual dos órgãos a seguir **não** pertence ao Tribunal de Justiça?
   a. Tribunal Pleno.
   b. Órgão Especial.
   c. Câmaras em Composição Integral.
   d. Câmaras de Conciliação.

Questões para reflexão

1) Explique a importância da diferenciação das áreas de atuação para o trabalho de assessores jurídicos, analistas judiciários e técnicos judiciários.

2) O atendimento ao público é uma atividade essencial do servidor, pois representa, em análise mais direta, o acesso à Justiça em si. Na prestação desse serviço, que princípio constitucional deve ser seguido? Por quê?

Consultando a legislação

Se você quiser aprofundar-se no estudo dos temas abordados neste capítulo, consulte os documentos indicados a seguir:
BRASIL. Constituição (1988). **Diário Oficial da União**, Brasília, DF, 5 out. 1988. Disponível em: <http://www.planalto.gov.br/ccivil_03/constituicao/ConstituicaoCompilado.htm>. Acesso em: 6 set. 2017.
_____. Constituição (1988). Emenda Constitucional n. 45, de 30 de dezembro de 2004. **Diário Oficial da União**, Brasília, DF, 31 dez. 2004. Disponível em: <http://www.planalto.gov.br/ccivil_03/Constituicao/Emendas/Emc/emc45.htm>. Acesso em: 6 set. 2017.
_____. Lei n. 12.153, de 22 de dezembro de 2009. **Diário Oficial da União**, Poder Legislativo, Brasília, DF, 23 dez. 2009. Disponível em: <http://www.planalto.gov.br/ccivil_03/_Ato2007-2010/2009/Lei/L12153.htm>. Acesso em: 6 set. 2017.
PARANÁ. Lei n. 14.277, de 30 de dezembro de 2003. **Diário Oficial do Estado do Paraná**, Poder Legislativo, Curitiba, 30 dez. 2003. Disponível em: <http://www.legislacao.pr.gov.br/legislacao/pesquisarAto.do?action=exibir&codAto=5826&indice=1&totalRegistros=1>. Acesso em: 6 set. 2017.
_____. Lei n. 16.024, de 19 de dezembro de 2008. **Diário Oficial do Estado do Paraná**, Poder Legislativo, Curitiba, 19 dez. 2008. Disponível em: <http://www.legislacao.pr.gov.br/legislacao/pesquisarAto.do?action=exibir&codAto=16466&indice=1&totalRegistros=2>. Acesso em: 6 set. 2017.

IV

Conteúdos do capítulo:

» Assessoramento em primeiro grau.
» Assessoramento em segundo grau.

O assessor jurídico, o analista judiciário e o técnico judiciário têm atribuições distintas no assessoramento em primeiro e segundo graus de jurisdição. Na Justiça Federal, esses três profissionais atuam tanto no primeiro quanto no segundo grau de jurisdição, desempenhando funções correspondentes a sua qualificação.

Na Justiça Estadual, por sua vez, os analistas judiciários atuam exclusivamente no primeiro grau, e os assessores jurídicos trabalham somente no segundo grau, nos tribunais de justiça. Os técnicos judiciários atuam em ambos os graus de jurisdição, ou seja, tanto nas comarcas quanto nos tribunais.

Neste capítulo, ao tratarmos especificamente do assessoramento, concentraremos a atenção nas atividades desenvolvidas nos gabinetes, em especial nas funções de auxílio aos magistrados.

4.1 Assessoramento em primeiro grau

No primeiro grau, a atividade final do julgador é a decisão, a resolução do conflito de interesses que as partes, os envolvidos, levam até ele na busca de uma solução legal. Assim, dizemos que o juiz de primeiro grau encerra sua prestação jurisdicional com a prolação da sentença.

Contudo, até chegar a esse final, os processos passam por diversos procedimentos, produção de provas, audiências e perícias para que o juiz possa, efetivamente, decidir a demanda.

Nesse percurso, o analista judiciário e o técnico judiciário prestam assessoramento ao julgador para que este tenha condição de resolver o maior número possível de conflitos, sem deixar de primar pela qualidade técnica das decisões.

Anteriormente, o art. 162, parágrafo 1º, do Código de Processo Civil (CPC) – Lei n. 5.869, de 11 de janeiro de 1973 (Brasil, 1973) – definia *sentença* como "o ato pelo qual o juiz põe termo ao processo, decidindo ou não o mérito da causa". No entanto, em razão das diversas reformas no CPC, com vistas à adequação da norma com a realidade, bem como à celeridade do processo, em 2005, o conceito de *sentença* foi modificado. A Lei n. 11.232, de 22 de dezembro de 2005 (Brasil, 2005), alterou o art. 162, parágrafo 1º, nos seguintes termos: "Sentença é o ato do juiz que implica alguma das situações previstas nos arts. 267 e 269 desta Lei".

Atualmente, o CPC – Lei n. 13.105, de 16 de março de 2015 (Brasil, 2015) – prevê, de forma análoga, em seu art. 203,

> *O analista judiciário e o técnico judiciário prestam assessoramento ao julgador para que este tenha condição de resolver o maior número possível de conflitos, sem deixar de primar pela qualidade técnica das decisões.*

parágrafo 1º, que "sentença é o pronunciamento por meio do qual o juiz, com fundamento nos arts. 485 e 487, põe fim à fase cognitiva do procedimento comum, bem como extingue a execução".

Entra em cena, então, um novo critério para a definição desse ato judicial: o **conteúdo**, que deve ser analisado com os arts. 485 e 487 da Lei n. 13.105/2015. Desse modo, de maneira simplificada, entende-se por *sentença* a decisão que extingue a causa sem julgar o mérito ou aquela que coloca fim ao processo.

Quando falamos em "extinguir sem julgamento do mérito", referimo-nos a situações em que a ação não preenche alguns requisitos para ser julgada. Lembre-se, por exemplo, de quando mencionamos o preparo e os prazos para observar situações em que o processo não será julgado.

As **decisões de mérito**, ou seja, que abordam efetivamente a questão, quando colocam fim ao caso, são as sentenças chamadas *terminativas*. Para ficar mais claro esse conceito, vamos considerar, por exemplo, o caso de um acidente de trânsito em que o autor ingressa com uma ação de indenização contra o réu, buscando uma reparação dos danos sofridos. Nessa ação, o autor alega que o réu foi o responsável pelo acidente e que este lhe causou determinado prejuízo. Após todos os trâmites legais, audiência, oitiva das partes, produção de provas etc., o julgador decide o caso por meio de uma sentença. É nela que a ação é julgada procedente, parcialmente procedente ou improcedente: o réu pode ser condenado a pagar o valor pretendido (procedente) ou a pagar um valor menor (parcialmente procedente) ou, ainda, pode-se decidir que o réu não deve pagar nada ao autor (improcedente).

Nessa ação, o analista judiciário pode participar dos atos processuais, analisar o processo detalhadamente e, se for a orientação do magistrado ao qual atende, elaborar uma proposta de sentença.

Devemos ressaltar que o técnico judiciário que atua no assessoramento do gabinete do juiz somente pode realizar essa mesma atividade se tiver formação superior no curso de Direito. Quando não é este o caso, o técnico pode auxiliar nas atividades administrativas do gabinete, na movimentação processual, na organização de pautas de audiência etc., mas, evidentemente, não pode elaborar peças jurídicas.

Além disso, no curso do processo, o juiz pode decidir sobre questões do processo que não lhe põem fim, ou seja, que alteram a forma de prosseguir da ação, mas não a decidem. O ato pelo qual o juiz decide questão incidental com o processo ainda em curso, que não põe fim ao processo, é chamado de **decisão interlocutória**. Tais decisões são proferidas nos autos por meio de despachos, em que, resumidamente, o julgador explica os motivos de sua decisão, fundamentando-a na norma legal, na doutrina, na jurisprudência e nas circunstâncias do caso concreto.

É importante notar que a Constituição Federal de 1988 (Brasil, 1988) determina que todas as decisões judiciais têm de ser fundamentadas, sejam sentenças, sejam decisões interlocutórias, nos termos de seu art. 93, inciso IX, conforme redação dada pela Emenda Constitucional n. 45, de 30 de dezembro de 2004 (Brasil, 2004):

> IX – todos os julgamentos dos órgãos do Poder Judiciário serão públicos, e fundamentadas todas as decisões, sob pena de nulidade, podendo a lei limitar a presença, em determinados atos, às próprias partes e a seus advogados, ou somente a estes, em casos nos quais a preservação do direito à intimidade do interessado no sigilo não prejudique o interesse público à informação; [...]

Assim como ocorre na atividade de assessoramento na elaboração de propostas de sentença, o analista judiciário e o técnico judiciário com formação jurídica podem realizar propostas de decisões interlocutórias, sob a supervisão do magistrado com quem atuam.

Tais atividades (elaboração de propostas de sentença e decisões interlocutórias) demandam um profundo conhecimento do processo, da doutrina e da jurisprudência sobre o assunto tratado e, sobretudo, do entendimento do magistrado sobre o tema.

Evidentemente, é fundamental que o trabalho de assessoramento seja aperfeiçoado com o tempo e que exista confiança entre o julgador e os servidores. Além disso, como ressaltamos no Capítulo 3, o analista e o técnico judiciários devem conhecer as matérias de competência das varas em que atuam para buscarem previamente, se possível, a afinidade para desempenhar suas funções.

Cabe ainda mencionar que o assessoramento em primeiro grau engloba a atividade dos analistas judiciários de outras especialidades além da jurídica. No Estado do Paraná, por exemplo, há os analistas judiciários das especialidades serviço social, psicologia, ciências contábeis e pedagogia.

Na Justiça Federal, assim como em outros estados, podem existir outras áreas de apoio especializado, como engenharia, arquitetura, odontologia, biblioteconomia etc., dependendo das necessidades de cada ente da Federação e das atribuições do órgão da Administração Pública.

No primeiro grau de jurisdição do Estado do Paraná, os analistas judiciários das especialidades de serviço social, psicologia, ciências contábeis e pedagogia atuam nas áreas em que têm formação, emitindo pareceres, laudos, estudos e exames etc.

A importância nesse assessoramento reside no fato de os magistrados não apresentarem, em regra, formação nas diferentes áreas do conhecimento que muitas vezes estão relacionadas em uma ação judicial. Em muitas situações, porém, esse conhecimento técnico é fundamental e até mesmo indispensável para que o julgador possa decidir ou o representante do Ministério Público, como fiscal da lei, possa agir ou manifestar-se em determinada questão.

Ocorrências que envolvem guarda de crianças, atos infracionais cometidos por adolescentes, crimes contra a dignidade sexual e ações falimentares são apenas alguns casos em que o juiz de primeiro grau necessita do assessoramento dos analistas judiciários especialistas em serviço social, psicologia e ciências contábeis.

4.2 Assessoramento em segundo grau

No segundo grau de jurisdição, o assessoramento é realizado nos tribunais de justiça, tribunais regionais federais e tribunais superiores.

Cumpre novamente frisar que, na Justiça Federal, os analistas e os técnicos judiciários atuam, também, nos tribunais.

Em cada estado, o Tribunal de Justiça regulamenta, por meio de legislação própria, como vão atuar os servidores e, ainda, quais cargos serão preenchidos para o assessoramento de desembargadores e juízes substitutos de segundo grau. Na Justiça Estadual do Paraná, por exemplo, somente os assessores jurídicos e os técnicos judiciários integram os quadros da Secretaria do Tribunal de Justiça, ficando os analistas judiciários adstritos ao primeiro grau.

Como mencionamos anteriormente, os tribunais apresentam uma grande estrutura, composta por inúmeros órgãos e departamentos, permitindo, com isso, uma grande diversidade de atuação de seus servidores.

No Tribunal de Justiça do Paraná (TJPR), por exemplo, a secretaria é composta por (Paraná, 2015):

- » Gabinete do Secretário;
- » Gabinete do Subsecretário;
- » Departamento Judiciário;
- » Departamento Administrativo;
- » Departamento Econômico e Financeiro;
- » Departamento do Patrimônio;
- » Departamento de Administração e Serviços Gerais;
- » Departamento de Serviços Gerais;
- » Departamento de Engenharia e Arquitetura.

É necessário esclarecer que a necessidade de tamanha composição se deve ao fato de o tribunal controlar também toda a estrutura do primeiro grau de jurisdição.

Para controlar e organizar a atuação no assessoramento, foi elaborado o Regulamento da Secretaria do TJPR, que traz as diferentes funções que assessores jurídicos, técnicos judiciários e demais servidores podem desempenhar.

No assessoramento direto aos gabinetes, o art. 151 do mencionado regulamento estipula que o gabinete de desembargador é constituído dos cargos de secretário de desembargador, assessor jurídico de gabinete de desembargador e auxiliar de gabinete de desembargador. Como mencionado no no Capítulo 1 deste livro (Seção 1.4), são cargos em comissão, que podem ser ocupados também por servidores do quadro, assessores jurídicos e técnicos judiciários, desde que preencham os requisitos para tanto.

O art. 152 do Regulamento da Secretaria do TJPR assim determina (Paraná, 2015, p. 266):

> Art. 152. Ao Secretário de Desembargador compete:
> I – receber e expedir a correspondência pessoal do Desembargador e do Gabinete;
> II – controlar o recebimento e a saída dos processos, petições e outros expedientes;
> III – organizar o fichário de jurisprudência, bem como a compilação dos acórdãos em livros próprios;
> IV – representar o Desembargador em solenidade, quando designado;
> V – exercer outras atividades determinadas pelo Desembargador.

Lembramos que, para o cargo de secretário de desembargador, não é exigida formação jurídica, o que não quer dizer que em suas atividades não esteja envolvido o assessoramento. O conhecimento é necessário para controlar a movimentação de processos, petições e outros expedientes, organizar o fichário de jurisprudência e, até mesmo, auxiliar nas atividades do gabinete.

Por isso, como abordaremos devidamente adiante, é necessário que aqueles que não têm formação jurídica, mas atuam no assessoramento, tenham conhecimento, ao menos superficial, sobre pesquisas de doutrina e jurisprudência, elaboração de peças e documentos e participação em atos processuais.

Segundo o art. 153 do mesmo regulamento (Paraná, 2015, p. 266),

> Art. 153. Ao Assessor Jurídico de Gabinete de Desembargador compete:
> I – assessorar o Desembargador no que pertine a compilação de dados para a elaboração de relatórios e minutas de acórdãos;
> II – controlar o trâmite dos processos no âmbito do Gabinete;

> III – fazer pesquisas e coleta de jurisprudência, quando solicitado pelo Desembargador;
> IV – dar atendimento aos advogados, partes e demais interessados, sempre que se fizer necessário;
> V – exercer outras atividades determinadas pelo Desembargador.

Portanto, no caso do assessor jurídico de gabinete, as atribuições especificadas trazem a função de elaboração de relatórios e minutas de acórdãos, que são as propostas de voto, bem como o atendimento a advogados, partes e demais interessados.

Dessa forma, o cargo em questão tem como exigência a formação superior em curso de Direito, pois, para elaborar propostas de voto e informar tecnicamente a situação de processos a advogados, partes e interessados, são necessários os conhecimentos específicos da área jurídica.

Ao auxiliar de gabinete de desembargador, por sua vez, compete (Paraná, 2015, p. 266):

> Art. 154. [...]
> I – proceder às tarefas de datilografia e digitação nos processos em trâmite no Gabinete;
> II – auxiliar o Assessor e o Secretário de Desembargador no atendimento de partes e nos demais serviços do Gabinete;
> III – exercer outras atividades determinadas pelo Desembargador.

As atividades administrativas do gabinete, ao serem realizadas pelos auxiliares, acabam colaborando no assessoramento dos desembargadores.

Nos demais departamentos do Tribunal de Justiça, os assessores jurídicos e os técnicos judiciários podem exercer variadas funções, inclusive de chefia e assessoramento. Vamos abordar algumas delas, a título ilustrativo, para demonstrar diferentes formas de assessoramento realizadas no segundo grau de jurisdição.

No quadro da Secretaria do TJPR existem, por exemplo, os cargos de diretor de departamento, chefe de divisão, chefe de seção e chefe de serviço.

Ao diretor de departamento, entre outras funções, compete "assessorar a cúpula diretiva do Tribunal de Justiça, em matéria afeta ao respectivo departamento", conforme o art. 32, inciso IX, do Regulamento da Secretaria (Paraná, 2015, p. 65).

Especificamente no caso do diretor do Departamento Judiciário, segundo o art. 37 do regulamento, "cabe assessorar o Secretário nas sessões contenciosas do Órgão Especial" e, ainda, "assessorar o Presidente e Vice-Presidente do Tribunal de Justiça, nas decisões de suas respectivas competências" (Paraná, 2015, p. 74).

O Departamento de Gestão de Recursos Humanos conta com uma assessoria que deve, segundo o art. 50 do Regulamento da Secretaria (Paraná, 2015, p. 103):

> a) através do Supervisor:
> VIII – controlar e conferir pareceres e manifestações em procedimentos administrativos;
> IX – coordenar estudos e pesquisas sobre matéria administrativa;
> X – orientar os integrantes da Assessoria no desempenho de suas atribuições;
> XI – orientar os senhores juízes, quando solicitado, acerca de procedimentos administrativos;
> XII – orientar, quando solicitado, os senhores servidores sobre direitos e deveres funcionais;
> XIII – controlar a entrada e saída de expedientes da Assessoria;
> XIV – auxiliar o Diretor do Departamento, quando solicitado;
> XV – exercer outras tarefas correlatas. [...]

Além disso, há os assessores do Departamento de Gestão de Recursos Humanos, que devem (Paraná, 2015, p. 103):

> I – realizar pesquisa de legislação, doutrina e jurisprudência sobre assuntos pertinentes ao departamento;
> II – analisar, emitir parecer e minutar decisões em procedimentos administrativos em matéria de natureza funcional, em especial, Justiça de Paz, aposentadoria dos servidores do Quadro de Pessoal da Secretaria e do Primeiro Grau, abono de permanência, pedidos de licenças, progressão funcional, relotação e remoção na parte pertinente às atribuições do Departamento de Gestão de Recursos Humanos, estabelecida em Decreto Judiciário, readaptação, reversão, disponibilidade, aproveitamento, reintegração, recondução, justificativa de faltas ao serviço, contagem de tempo de serviço, estágio e demais matérias correlatas ao Departamento de Gestão de Recursos Humanos; [...]

O Regulamento da Secretaria determina ainda que a assessoria do Departamento de Gestão de Recursos Humanos deve ser supervisionada por assessor jurídico efetivo do quadro de pessoal da secretaria.

O Departamento Econômico e Financeiro deve contar com uma Divisão de Assessoramento Técnico – Administrativo (art. 56, inciso II, do Regulamento da Secretaria).

O Departamento de Patrimônio, por sua vez, conta com uma assessoria jurídica e uma assessoria administrativa (arts. 65 a 68 do Regulamento da Secretaria). Os demais departamentos contam, também, com assessoria jurídica e administrativa, órgãos em que assessores jurídicos e técnicos judiciários desempenham suas funções em diferentes áreas.

Cabe lembrar que o TJPR conta com servidores especializados contratados para atuar nesses departamentos, como engenheiros, arquitetos, médicos, administradores e contadores.

Para finalizar, devemos observar que estão previstos cargos de assessoria no gabinete do presidente, no Departamento da Magistratura, no gabinete do primeiro vice-presidente, no gabinete do segundo vice-presidente, no gabinete do corregedor-geral e no gabinete do corregedor. Todos podem ser exercidos por assessores jurídicos e técnicos judiciários.

Síntese

Como destacamos neste capítulo, as atribuições do assessor jurídico, do analista judiciário e do técnico judiciário são diferentes no assessoramento em primeiro e segundo graus de jurisdição.

No assessoramento aos juízes de primeiro grau, os analistas e os técnicos judiciários possibilitam que os julgadores tenham condições de resolver o maior número possível de conflitos, sem deixar de primar pela qualidade técnica das decisões.

No curso dos processos, medidas de diferentes naturezas são tomadas, como as sentenças e as decisões. Nessas situações, os servidores com formação jurídica podem auxiliar na elaboração das peças, sempre com a supervisão do magistrado com quem atuam.

No assessoramento em segundo grau, os assessores jurídicos, os técnicos judiciários e demais servidores podem preencher os cargos mencionados no Capítulo 1 deste livro (Seção 1.4), desde que preencham os requisitos estabelecidos. Destaca-se, principalmente, na função de assessoramento em segundo grau, a elaboração de relatórios e minutas de acórdãos, que são as propostas de voto, bem como o atendimento a advogados, partes e demais interessados.

Questões para revisão

1) Diferencie a atuação de assessores jurídicos, analistas judiciários e técnicos judiciários na Justiça Federal e na Justiça Estadual.

2) Descreva, resumidamente, a forma de atuação dos analistas e dos técnicos judiciários no assessoramento de primeiro grau.

3) Assinale a alternativa que corresponde à atividade exclusiva de assessor jurídico, analista judiciário e técnico judiciário com formação jurídica:
   a. Movimentação processual.
   b. Organização de pautas de audiência.
   c. Elaboração de proposta de sentença.
   d. Autuação de processos.

4) Segundo o art. 203, parágrafo 1º, do Código de Processo Civil (Lei n. 13.105/2015), *sentença* é:
   a. o pronunciamento por meio do qual o juiz, com fundamento nos arts. 485 e 487, põe fim à fase cognitiva do procedimento comum, bem como extingue a execução.
   b. a decisão sobre questões do processo que não lhe põem fim, ou seja, que alteram a forma de prosseguir da ação, mas que não a decidam.
   c. o ato pelo qual o juiz põe termo ao processo, decidindo ou não o mérito da causa.
   d. decisão que põe fim ao processo, obrigatoriamente com o julgamento do mérito.

5) Assinale a alternativa que corresponde ao ato pelo qual o juiz decide questão incidental com o processo ainda em curso, sem colocar fim ao processo:
   a. Sentença.
   b. Despacho.
   c. Decisão interlocutória.
   d. Arquivamento.

Questões para reflexão

1) Tendo em conta as atribuições do cargo de assessor jurídico, reflita sobre as semelhanças e as diferenças entre os assessoramento em primeiro e segundo graus na Justiça Estadual.

2) Os tribunais de justiça apresentam uma grande estrutura, composta por diversos órgãos e departamentos, permitindo, com isso, uma grande diversidade de atuação de seus servidores. Reflita sobre as atribuições dos cargos de secretário de desembargador e diretor de departamento, considerando suas principais diferenças.

Consultando a legislação

Para aprofundar-se no estudo dos temas abordados neste capítulo, consulte os documentos indicados a seguir.
BRASIL. Constituição (1988). **Diário Oficial da União**, Brasília, DF, 5 out. 1988. Disponível em: <http://www.planalto.gov.br/ccivil_03/constituicao/ConstituicaoCompilado.htm>. Acesso em: 6 set. 2017.

BRASIL. Lei n. 11.232, de 22 de dezembro de 2005. **Diário Oficial da União**, Poder Executivo, Brasília, DF, 23 dez. 2005. Disponível em: <http://www.planalto.gov.br/ccivil_03/_ato2004-2006/2005/lei/l11232.htm>. Acesso em: 6 set. 2017.

_____. Lei n. 13.105, de 16 de março de 2015. **Diário Oficial da União**, Poder Legislativo, Brasília, DF, 17 mar. 2015. Disponível em: <http://www.planalto.gov.br/ccivil_03/_Ato2015-2018/2015/Lei/L13105.htm>. Acesso em: 6 set. 2017.

V

Ética e sigilo profissional

Conteúdos do capítulo:

» Conceituação de *ética* e *moral*.
» Aplicação da ética e da moral no serviço público.
» Deveres dos servidores públicos.
» Ética pública.
» Sigilo profissional e segredo de justiça.

Neste capítulo, abordaremos o tema da ética e do sigilo profissional concernentes à atuação do assessor jurídico, do analista judiciário e do técnico judiciário.

Entendemos ser obrigatório apresentar primeiro uma análise mais ampla sobre a ética para, posteriormente, examinar sua aplicação no cotidiano dos servidores públicos do Poder Judiciário.

5.1 Ética no serviço público

O termo *ética* deriva do grego *ethos*, que pode ser definido como o caráter, o modo de ser de uma pessoa. Assim, a ética constitui um conjunto de valores morais e princípios que norteiam a conduta humana na sociedade, para que haja equilíbrio e bom funcionamento social, possibilitando que ninguém saia prejudicado. Nesse sentido, a ética, que não pode ser confundida com as leis, está relacionada com o sentimento de justiça social.

Dessa forma, podemos afirmar que a ética de uma sociedade é construída com base em seus valores históricos e culturais. Os costumes de determinada população moldam o caráter de seus membros, estabelecendo parâmetros para o que é certo e o que é errado no comportamento humano. Do ponto de vista da filosofia, a ética pode ser considerada um ramo da ciência que estuda os valores e princípios morais de uma sociedade e seus grupos.

Por se tratar de um estudo de comportamento da conduta humana, a ética pode ser analisada, também, nas relações profissionais.

Segundo Antônio Lopes de Sá (2001, p. 15), em um sentido mais amplo,

> a Ética tem sido entendida como a ciência da conduta humana perante o ser e seus semelhantes. Envolve, pois, os estudos de aprovação ou desaprovação da ação dos homens e a consideração de valor como equivalente de uma medição do que é real e voluntarioso no campo das ações virtuosas. Encara a virtude como prática do bem e esta como promotora da felicidade dos seres, quer individualmente, quer coletivamente, mas também avalia os desempenhos humanos em relação às normas comportamentais pertinentes. Analisa a vontade e o desempenho virtuoso do ser em face de suas intenções e atuações, quer relativos à própria pessoa, quer em face da comunidade em que se insere.

Outros autores têm ideias semelhantes. Para Adolfo Sánchez Vázquez (2002, p. 23), por exemplo, "a ética é a teoria ou ciência do comportamento moral dos homens em sociedade". Já Marculino Camargo (1996, p. 39) define *ética* como a "ciência do que o homem deve ser em função daquilo que ele é".

Devemos sempre ter em mente que os servidores públicos são profissionais que mantêm um vínculo de trabalho profissional com órgãos e entidades do governo. No setor público, todas as atividades do governo afetam a vida do país. Por isso, é necessário que os servidores apliquem os valores éticos para que os cidadãos possam acreditar na eficiência dos serviços públicos.

> *A ética de uma sociedade é construída com base em seus valores históricos e culturais. Os costumes de determinada população moldam o caráter de seus membros, estabelecendo parâmetros para o que é certo e o que é errado no comportamento humano.*

É claro que existem normas de conduta que orientam o comportamento do servidor. Assim, é sua missão ser leal aos princípios éticos e às leis acima das vantagens financeiras do cargo ou de qualquer outro interesse particular. Esse interesse pode se manifestar na forma de desvios de verbas públicas, políticos que se beneficiam de programas e situações para ganhar votos, produção de leis que vão contra os princípios da sociedade, corrupção etc.

De todo modo, as próprias leis estabelecem sanções e mecanismos que penalizam servidores públicos que agem em desacordo com suas atividades. Um exemplo é a Lei de Responsabilidade Fiscal – Lei Complementar n. 101, de 4 de maio de 2000 (Brasil, 2000b). Além dela, a Lei n. 8.027, de 12 de abril de 1990 (Brasil, 1990a), chamada de *Código de Ética dos Servidores Públicos*, dispõe sobre normas de conduta dos servidores públicos civis da União, das autarquias e das fundações públicas.

A referida norma legal assim estabelece, em seu art. 2º (Brasil, 1990a):

> Art. 2º São deveres dos servidores públicos civis:
> exercer com zelo e dedicação as atribuições legais e regulamentares inerentes ao cargo ou função;
> ser leal às instituições a que servir;
> observar as normas legais e regulamentares;
> cumprir as ordens superiores, exceto quando manifestamente ilegais;
> atender com presteza:
> a) ao público em geral, prestando as informações requeridas, ressalvadas as protegidas pelo sigilo;
> b) à expedição de certidões requeridas para a defesa de direito ou esclarecimento de situações de interesse pessoal;
> VI – zelar pela economia do material e pela conservação do patrimônio público;
> VII – guardar sigilo sobre assuntos da repartição, desde que envolvam questões relativas à segurança pública e da sociedade;
> VIII – manter conduta compatível com a moralidade pública;
> IX – ser assíduo e pontual ao serviço;
> X – tratar com urbanidade os demais servidores públicos e o público em geral;
> XI – representar contra ilegalidade, omissão ou abuso de poder.

A mencionada norma define ainda desvios de condutas, faltas e infrações, elencando as eventuais punições administrativas, como **advertência, suspensão** e **demissão**, aplicadas por meio de processo administrativo em que são garantidos ao servidor o contraditório e a ampla defesa.

No Estado do Paraná, na esfera da Justiça Estadual, há o Estatuto dos Funcionários do Poder Judiciário, estabelecido pela Lei n. 16.024, de 19 de dezembro de 2008 (Paraná, 2008c). Essa legislação traz um regime disciplinar que se aplica ao assessor jurídico, ao analista judiciário e ao técnico judiciário, fixando deveres, proibições e responsabilidades dos servidores. Apresenta, ainda, sistemas disciplinares para funcionários do primeiro grau de jurisdição e do quadro da Secretaria do Tribunal de Justiça.

O art. 156 da Lei n. 16.024/2008 elenca os deveres dos servidores da Justiça Estadual do Paraná:

> Art. 156. São deveres do funcionário:
> I – assiduidade;
> II – pontualidade;
> III – urbanidade;
> IV – manter conduta compatível com a moralidade administrativa;
> V – exercer com zelo e dedicação as atribuições do cargo;
> VI – lealdade e respeito às instituições a que servir;
> VII – observar as normas legais e regulamentares;
> VIII – cumprir as ordens superiores, exceto quando manifestamente ilegais;
> IX – atender com presteza:
> a) ao público em geral, prestando as informações requeridas, ressalvadas às protegidas por sigilo;
> b) à expedição de certidões requeridas para defesa de direito ou esclarecimento de situações de interesse pessoal;
> c) às requisições para a defesa da Fazenda Pública;
> X – levar ao conhecimento da autoridade superior as irregularidades de que tiver ciência em razão do cargo;
> XI – zelar pela economia do material e conservação do patrimônio público;

XII – guardar sigilo sobre assunto da repartição;
XIII – representar contra ilegalidade, omissão ou abuso de poder;
XIV – atender prontamente às convocações para serviços extraordinários;
XV – zelar pela manutenção atualizada dos seus dados cadastrais perante a administração pública;
XVI – apresentar-se convenientemente trajado em serviço ou com uniforme determinado;
XVII – proceder na vida pública e na vida privada de forma a dignificar o cargo ou a função que exerce;
XVIII – cumprir os prazos previstos para a prática dos atos que lhe são afetos ou que forem determinados pela autoridade administrativa ou judiciária a que estiver vinculado;
XIX – comunicar à Secretaria do Tribunal de Justiça e restituir imediatamente os valores que perceber indevidamente como remuneração;
XX – frequentar os cursos instituídos pela administração do Tribunal de Justiça para aperfeiçoamento ou especialização;
XXI – submeter-se à inspeção médica quando determinada pela autoridade competente. [...] (Paraná, 2008c)

Quando o assunto é a ética no serviço público, logo nos lembramos de situações de corrupção, extorsão e ineficiência, que representam justamente a "falta de ética". Nosso ponto de referência no que diz respeito ao serviço público, contudo, deveria ser a busca por um padrão de comportamento ético, com base qual fosse possível julgar a atuação dos servidores públicos.

É essencial compreender que os padrões éticos dos servidores públicos derivam da própria natureza de sua atuação, ou seja, do caráter público das funções que exercem.

Com efeito, a questão da ética pública está diretamente relacionada aos princípios fundamentais previstos na Constituição Federal de 1988 (Brasil, 1988), que visam amparar os valores morais da boa conduta e da boa-fé; trata-se, acima de tudo, dos princípios básicos e essenciais a uma vida equilibrada do cidadão na sociedade.

No art. 37 da Constituição Federal estão elencados os princípios que regem a Administração Pública, a saber:
» legalidade;
» impessoalidade;
» moralidade;
» publicidade;
» eficiência.

A atuação do servidor público, portanto, deve ser sempre pautada nesses princípios, para com isso representar a prestação de um serviço público de qualidade. Desse modo, o servidor deve sempre respeitar as normas que regulam sua atuação, ou seja, a legalidade, e não deve utilizar seu cargo para ganhos pessoais. Deve, ainda, agir de acordo com a moralidade, com imparcialidade, atendendo a todos de maneira igual e de forma impessoal. Além disso, todos os seus atos devem ser públicos, ou seja, acessíveis, em regra, a todos. Por fim, deve agir de forma eficiente, sempre primando pelo melhor interesse da sociedade.

O conceito de **ética** se relaciona também com o de **moralidade**. Podemos conceituar *moral* como um conjunto de regras aplicadas no cotidiano e usadas continuamente pelo cidadão. Essas regras orientam o indivíduo, norteando suas ações e seus julgamentos sobre o que é moral ou imoral, certo ou errado, bom ou mau.

No sentido prático, as finalidades da ética e da moral são muito semelhantes. Ambas são responsáveis por construir as bases da conduta do homem e, dessa forma, determinar seu caráter.

Infelizmente, no Brasil, a falta de ética na Administração Pública é uma constante. O comportamento das autoridades públicas do país não segue princípios éticos. Algumas das razões para essa situação são a falta de preparo dos funcionários, uma cultura equivocada e, em especial, a falta de mecanismos de controle e responsabilização adequada em relação a atos antiéticos.

A sociedade contribui de certo modo para essa situação, pois não se mobiliza para exercer seus direitos e impedir os casos de abuso de poder por parte de alguns servidores e representantes públicos. Um dos motivos para essa inércia encontra-se justamente na falta de conhecimento dos cidadãos sobre os seus direitos. Podemos concluir, assim, que educar os cidadãos e torná-los conscientes quanto aos seus direitos é fundamental para a construção de um país melhor.

No que se refere à atuação dos servidores do Poder Judiciário, a ética se mostra extremamente importante, para não dizer crucial, pela própria razão de ser da instituição. Ora, ao buscar a via judicial para resolver seus conflitos, ou até mesmo exercer seus direitos, o mínimo que o cidadão contribuinte espera é ser atendido por profissionais capacitados, mas, sobretudo, corretos e dignos.

> No sentido prático, as finalidades da ética e da moral são muito semelhantes. Ambas são responsáveis por construir as bases da conduta do homem e, dessa forma, determinar seu caráter.

Na ausência dessas condições, não há possibilidade de prestação jurisdicional. Em outras palavras, não há como conseguir justiça se os servidores desse poder não agirem de forma ética. Ao analisarmos as funções e atribuições do assessor jurídico, do analista judiciário e do técnico judiciário, verificamos que seu comportamento tem de estar sempre acima de qualquer suspeita.

Podemos afirmar, portanto, que, até mesmo de forma mais acentuada do que ocorre em outras áreas da Administração Pública, a ética e a moral desses profissionais são pré-requisitos fundamentais para que possam exercer suas funções.

No primeiro grau de jurisdição, temos a movimentação processual realizada por analistas e técnicos judiciários. Esse serviço, por exemplo, exige extrema dedicação e ética dos servidores, pois, em muitas situações, as ações discutem altos valores e o respeito aos prazos e movimentos no processo pode representar ganhos e perdas elevados para as partes envolvidas.

Nesse contexto, a ação do servidor deve ser escorreita e ele deve tratar todos os processos e as partes de forma igualitária, sempre respeitando o **princípio da impessoalidade**. Em outras palavras, o servidor não pode "fazer exceções" ou "vistas grossas" em determinados processos, sob pena, até mesmo, de responder nas esferas administrativa, civil e criminal.

Isso se aplica a todas as atividades administrativas realizadas nas varas e cartórios das comarcas, pois, pelo grande volume de processos, o juiz ou promotor de justiça não têm condições de controlar tudo o que ocorre com todos os feitos.

Além disso, não basta ao servidor apenas agir de forma correta, ele deve zelar para que seus colegas também o façam. Caso apareça qualquer dúvida sobre o procedimento correto a ser realizado, é preciso comunicar o fato imediatamente a seu superior hierárquico ou, até mesmo, diretamente ao magistrado titular.

Existem, ainda, diversas outras situações que colocam em xeque a ética dos servidores que atuam no Poder Judiciário. Recolhimento de custas, levantamento de valores, recebimento de bens, dinheiro e armas apreendidos representam situações em que o servidor tem de ser extremamente correto. Nesses casos, qualquer deslize desse profissional, além de

> *O servidor não pode "fazer exceções" ou "vistas grossas" em determinados processos, sob pena, até mesmo, de responder nas esferas administrativa, civil e criminal.*

prejudicar sua carreira, macula a imagem da própria Justiça perante a sociedade.

Analistas judiciários que atuam na elaboração de peças jurídicas também estão sujeitos a esse tipo de situação, talvez até de maneira acentuada. Isso pode acontecer quando há conflito de interesses entre as partes e os advogados. É possível, por exemplo, que o servidor seja assediado para se posicionar de uma forma ou de outra, com o intuito de favorecer ou mesmo prejudicar um dos envolvidos.

Nessas situações, é certo que o servidor não tem o poder de decisão, que cabe exclusivamente ao juiz, mas é comum que se peça "uma ajudinha" ao funcionário. Sabe-se, por exemplo, que cada processo tem uma história diferente, cheia de circunstâncias e particularidades que podem afetar sua resolução final. Às vezes, espera-se que o feito prossiga rapidamente, enquanto para o réu seria melhor que a ação "demorasse", isto é, fosse adiada o máximo possível.

Além disso, o servidor pode ser "influenciado", de inúmeras formas, a direcionar a decisão do julgador, passando-lhe informações falsas sobre a ação ou omitindo questões importantes que o fariam decidir de modo diverso.

No segundo grau de jurisdição, a situação pode ser até mais acentuada, pois as ações tendem a envolver valores mais altos e, pelo fato de se objetivar, muitas vezes, a reforma de decisões já proferidas em primeiro grau, a "importância" das causas tende a ser maior.

Tal efeito reproduz-se gradativamente quando se trata dos feitos em trâmite nos tribunais superiores.

No âmbito do Tribunal de Justiça, como nas varas e nos gabinetes dos juízes, a ética dos servidores tem de estar acima de qualquer suspeita.

Tanto em tarefas administrativas – como no protocolo de recursos, na divisão de pautas de julgamentos e na autuação de feitos – quanto nos gabinetes de desembargadores e juízes substitutos de segundo grau, a lisura de assessores jurídicos e técnicos judiciários é constantemente testada.

Concessões de medidas liminares, de *habeas corpus* e de ordens em mandados de segurança são apenas alguns exemplos de medidas que podem envolver valores elevados e, por conseguinte, grande interesse de partes e advogados.

Por tais motivos, a escolha dos servidores que vão atuar no assessoramento dos magistrados, tanto no primeiro quanto no segundo grau, deve ser extremamente rigorosa, considerando-se que as funções por eles exercidas demandam uma grande confiança dos julgadores.

É nesse panorama que entra a designação dos chamados *cargos de confiança*, de que tratamos no Capítulo 1 (Seção 1.4). Nesses casos, o magistrado pode escolher livremente seus assessores, indicando, obviamente, somente aqueles nos quais confia. Do mesmo modo, ao permitir que sejam livremente exonerados, esses funcionários podem ser demitidos a pedido do julgador caso este deixe de confiar em seus serviços.

É interessante esclarecer que os funcionários do quadro, ou seja, aqueles que ingressaram na carreira por meio de concurso público, podem assumir cargos de confiança nos gabinetes. Isso pode acontecer com o assessor jurídico, o analista judiciário e o técnico judiciário. Nesses casos, cabe também ao julgador indicar livremente os cargos em comissão aos servidores, bem com retirá-los quando bem entender.

Cabe mencionar também, ainda que possa parecer evidente, que a função dos servidores do Poder Judiciário é incompatível com o exercício da advocacia.

A lei que dispõe sobre o Estatuto da Advocacia e a Ordem dos Advogados do Brasil (OAB) – Lei n. 8.906, de 4 de julho de 1994 (Brasil, 1994) –, em seu art. 28, inciso IV, estabelece que

"A advocacia é incompatível, mesmo em causa própria, [...] [com as atividades exercidas pelos] ocupantes de cargos ou funções vinculados direta ou indiretamente a qualquer órgão do Poder Judiciário e os que exercem serviços notariais e de registro".

A advocacia administrativa, delito previsto no art. 321 do Código Penal – Decreto-Lei n. 2.848, de 7 de dezembro de 1940 (Brasil, 1940) –, configura-se quando um funcionário público, valendo-se de sua condição, defende interesse alheio, legítimo ou ilegítimo, perante a Administração Pública. Quando o interesse é ilegítimo, como forjar a data de protocolo de uma petição, o crime é qualificado, isto é, tem sua pena aumentada.

O exercício regular da advocacia, contudo, não representa impeditivo ao ingresso nos cargos de assessor jurídico, analista judiciário ou técnico judiciário. Basta a pessoa solicitar a suspensão de sua inscrição perante a OAB antes de assumir qualquer um dos cargos no Poder Judiciário.

5.2 Sigilo profissional

Conforme mencionamos neste capítulo, o sigilo profissional do assessor jurídico, do analista judiciário e do técnico judiciário está previsto em legislação específica: a Lei n. 8.027/1990, chamada de *Código de Ética dos Servidores Públicos*, que estabelece, em seu art. 2º, o dever do servidor público de "guardar sigilo sobre assuntos da repartição, desde que envolvam questões relativas à segurança pública e da sociedade" (Brasil, 1990a).

Igualmente, a Lei n. 16.024/2008, em seu art. 156, determina como dever dos servidores da Justiça Estadual do Paraná "guardar sigilo sobre assunto da repartição". (Paraná, 2008c)

O sigilo sobre os assuntos da repartição pública constitui, para o servidor público, um dever disciplinar. Em razão disso, o descumprimento dessa determinação resulta, em alguns casos, em punição do infrator, conforme previsto na Lei n. 8.112, de 11 de dezembro de 1990 (Brasil, 1991), que trata do regime jurídico dos servidores públicos civis da União e estipula tipificações e sanções para essa violação.

A não preservação dessas informações constitui infração administrativa disciplinar prevista na lei citada e está sujeita à sanção:

> A Lei n. 16.024/2008, em seu art. 156, determina como dever dos servidores da Justiça Estadual do Paraná "guardar sigilo sobre assunto da repartição".

(i) de advertência, em caso de violação do dever de discrição ou de reserva (prescrito no art. 116, VIII – "guardar sigilo sobre assunto da repartição"), ou
(ii) de demissão, em caso de violação do dever de segredo (prescrito no art. 132, IX – "revelação de segredo do qual se apropriou em razão do cargo"). (Dezan, 2012)

Esse dever de sigilo por parte do servidor não se contrapõe à publicidade dos atos administrativos. São situações distintas que não se confundem, pois, obedecidos os procedimentos oficiais para o conhecimento público, todos têm direito ao acesso de dados ou registros documentais administrativos.

Ocorre que existem também informações da Administração Pública que não podem ser divulgadas, seja para proteger a sociedade, seja para resguardar a própria Administração Pública.

Nesse sentido, a nova Lei de Acesso à Informação – Lei n. 12.527, de 18 de novembro de 2011 – prevê:

> Art. 6º Cabe aos órgãos e entidades do poder público, observadas as normas e procedimentos específicos aplicáveis, assegurar a:
> I – gestão transparente da informação, propiciando amplo acesso a ela e sua divulgação;
> II – proteção da informação, garantindo-se sua disponibilidade, autenticidade e integridade; e
> III – proteção da informação sigilosa e da informação pessoal, observada a sua disponibilidade, autenticidade, integridade e eventual restrição de acesso. (Brasil 2011)

Assim, a norma em questão garante o amplo acesso à informação e, ao mesmo tempo, a proteção da informação sigilosa, passando até pela eventual restrição ao seu acesso.

O sigilo profissional do servidor público pode ser considerado em dois sentidos: pode ser lato ou amplo e estrito ou específico.

O dever de discrição ou de reserva representa o **sigilo em sentido lato ou amplo**, assim considerada a conduta do servidor de modo a não compartilhar com o público em geral ou com servidores que tenham outras atribuições, de forma indiscriminada ou desnecessária, informações da repartição em que exerce suas funções.

Portanto, o assessor jurídico, o analista judiciário ou o técnico judiciário, por seu dever de sigilo profissional, não podem comentar aleatoriamente, com servidores de outros setores e pessoas fora do ambiente de trabalho, sobre o teor dos processos a que têm acesso.

Ora, é perfeitamente compreensível a exigência de tal maneira de agir, pois as ações, mesmo aquelas que não estão protegidas por segredo de justiça, dizem respeito somente às partes e ao Poder Judiciário, não devendo, a não ser que haja algum interesse público para tanto, ser noticiadas.

Sandro Lúcio Dezan (2012), no artigo intitulado "O servidor público e o dever da guarda de sigilo", destaca que, em muitas situações, o exercício da função ou do cargo público envolve o conhecimento de informações privilegiadas, de interesse do Estado ou de particulares. Essas informações podem ser de importância econômica, política ou estratégica ou até mesmo estar relacionadas à honra, à imagem, à vida privada ou à intimidade das pessoas, devendo seguir trâmites burocráticos específicos no ambiente administrativo. Nesses casos, é preciso zelar por sua reserva e restringi-las ao conhecimento somente dos interessados jurídicos.

> *O servidor público que tenha contato com essas informações possui assim o dever de mantê-las sob reserva, sigilo funcional, evitando que extraviem e venham a ser conhecidas por particulares ou servidores de atribuições distintas. Essa tutela especial de dados corresponde não mais ao dever de discrição e reserva, mas sim ao dever de sigilo em sentido estrito.* (Dezan, 2012)

Segundo o doutrinador José Cretella Júnior (1964, p. 465-467),

> *atenta contra o dever de fidelidade o funcionário que não guarda sigilo sobre determinados assuntos que, por sua própria natureza, não podem ser divulgados: é o dever de segredo ou de sigilo funcional. [...] o dever de guardar sigilo verifica-se não só durante o tempo em que o funcionário exerce efetivamente o cargo, como também acompanha o servidor durante toda a sua vida, mesmo quando não mais pertence aos quadros do funcionalismo.*

Cumpre consignar que, nos casos de "revelação de sigilo após a aposentadoria, o indivíduo responde apenas em sede criminal e cível, não mais na seara administrativa disciplinar, posto não ostentar mais a qualidade de servidor público" (Dezan, 2012).

Quanto ao **sigilo profissional estrito ou específico**, trata-se de aspecto facilmente verificado nas funções realizadas por servidores do Poder Judiciário. Conforme Dezan (2012): "O servidor público, vinculado a áreas sensíveis ou não, ou seja, todo e qualquer agente da Administração, tem o dever de proceder de forma a agir com discrição e à salvaguarda de documentos sigilosos, preservando em ambiente apropriado as informações afetas ao serviço".

Na função de assessoramento, por exemplo, os assessores jurídicos, os analistas judiciários e os técnicos judiciários não podem tornar públicas decisões ou propostas de voto antes de sua publicação ou sessão de julgamento.

Existem ainda situações em que há a restrição em determinadas ações, o que acontece nos casos de segredo de justiça, em que somente as partes envolvidas e seus advogados podem ter acesso aos autos.

5.3 Segredo de justiça

Cabe neste ponto uma breve ponderação sobre o segredo de justiça para esclarecer sua aplicabilidade nas atribuições do assessor jurídico, do analista judiciário e do técnico judiciário.

A publicidade dos atos processuais é uma garantia importante para o cidadão, pois permite o controle dos atos judiciais por qualquer indivíduo integrante da sociedade. Ela está prevista no art. 5º da Constituição Federal, dedicado às garantias individuais, e nos arts. 189 e 368 do Código de Processo Civil – Lei n. 13.105, de 16 de março de 2015 (Brasil, 2015).

A **publicidade** proporciona não só conhecimento, mas, sobretudo, o controle, na forma legal, de decisões, o que é inerente ao processo legal e à própria essência do Estado de direito, pois se trata de serviço público.

O art. 20 do Código de Processo Penal – Decreto-Lei n. 3.689, de 3 de outubro de 1941 – estabelece: "A autoridade assegurará no inquérito o sigilo necessário à elucidação do fato ou exigido pelo interesse da sociedade" (Brasil, 1941). A Lei n. 12.850, de 12 de agosto de 2013 prevê sigilo apenas em investigações para garantia da celeridade e da eficácia das diligências de investigação, em casos de organização criminosa. Essa lei não prevê sigilo nem segredo de Justiça sobre esse tipo de processo.

Ainda no campo processual penal, o art. 1º da Lei n. 9.296, de 24 de julho de 1996, dispõe: "A interceptação de comunicações telefônicas, de qualquer natureza, para prova em investigação criminal e em instrução processual penal, observará o disposto nesta Lei e dependerá de ordem do Juiz competente da ação principal, sob segredo de Justiça" (Brasil, 1996b).

Da doutrina, destacam-se os ensinamentos de José Miguel Garcia Medina (2011, p. 175):

> *De acordo com o art. 155, os atos processuais serão públicos. O mesmo dispositivo legal prevê exceções à regra, permitindo que tramitem em segredo de justiça os processos "em que o exigir o interesse público" ou relativos a direitos de família. Deve o referido dispositivo ser interpretado em consonância com os arts. 5º, LX e 93, IX da CF (cf. comentários aos arts. 3º e 4º). A ressalva constante do final do art. 93, IX da CF/88 diz respeito aos limites do direito de preservação da intimidade (art. 5º, X da CF), que poderá ceder quando houver "interesse público à informação", a que se refere também o art. 5º, XIV, da CF. Não se deve pensar, de antemão, que o "interesse público à informação" está sempre acima do direito de preservação da intimidade, ou vice-versa. No caso, não se está diante de conflito de regras jurídicas que se resolve através de critérios tradicionais, como o da superioridade, da especialidade etc. Embora positivados em regras escritas, se está diante de verdadeiros princípios jurídicos que, como tais, podem ou não incidir em um dado caso*

concreto, em atenção a particularidades que possa não se repetir em casos futuros.

Os processos judiciais e as investigações policiais, portanto, são públicos, devendo ser mantidos sob sigilo apenas em casos específicos, por força de lei ou de decisão judicial. Devem correr em segredo de justiça, por exemplo, casos em que se questiona, em juízo, matéria que envolva a intimidade das pessoas, conforme prevê o art. 5º, inciso LX, da Constituição da República, citado por Medina.

Nessas situações, justifica-se a publicidade restrita aos atores do processo se considerarmos que, em última análise, preserva-se a dignidade das partes envolvidas, pois não seria justo que questões pessoais fossem reveladas ao grande público. Em resumo, o interesse passa a ser essencialmente particular, o que torna válido e, mais do que isso, legítimo aplicar a exceção, que é o sigilo processual, em detrimento da regra, que é a ampla publicidade. O objetivo aqui é o de resguardar a intimidade do indivíduo e a integridade da família. Entende-se, nesse caso, que

> Não faz sentido, por exemplo, levar ao conhecimento público toda a intimidade de um casal que enfrenta uma separação litigiosa e/ou disputa a guarda dos filhos. Esse tipo de demanda tem, geralmente, interesse somente para as partes do processo. Ainda que assim não seja, eventual interesse de terceiros fica suplantado pela necessidade de preservar a intimidade dos envolvidos. (AASP Notícias, 2010)

É o que ocorre também em algumas ações penais e inquéritos policiais em que a publicidade precisa ser restringida para proteger a própria investigação ou até mesmo a intimidade da vítima e, eventualmente, de testemunhas.

É muito comum, principalmente em casos de crimes de tráfico de drogas e associação para o tráfico, ocorrer sigilo em investigações que utilizam escutas telefônicas, devidamente autorizadas judicialmente. Nesses casos, se a parte ou seu advogado tivessem imediato acesso aos autos, provavelmente haveria problemas em toda a investigação.

Nos crimes contra a dignidade sexual, é igualmente necessário preservar a intimidade da vítima, de seus familiares e de testemunhas. Portanto, decreta-se o sigilo da ação penal para que somente o Ministério Público e a defesa tenham acesso aos autos.

Para a vítima e seus familiares, o constrangimento, a vergonha e o embaraço causados pela ação penal em si podem, muitas vezes, até inibir sua participação e seu comparecimento nos atos processuais. Desse modo, o sigilo visa resguardar a privacidade e, de certo modo, amenizar o sofrimento oriundo da própria apuração dos fatos.

Podemos afirmar ainda que, de certa forma, nessas situações, preserva-se até mesmo a pessoa do réu, pois, em caso de uma eventual absolvição, evita-se que seja exposta equivocadamente sua imagem como agressor sexual.

Segundo Flávia Rahal (2004, p. 273),

> *o acusado, bem como outros personagens do processo, não são vistos como sujeitos de direitos passíveis de serem violados pela publicidade irrestrita. Confunde-se a publicidade para as partes – que é essencial e nunca pode ser restringida – com a publicidade geral, para todos, que muitas vezes pode ser prejudicial à realização da justiça.*

O segredo de justiça, portanto, constitui um instrumento para garantir melhor prestação jurisdicional.

Síntese

Destacamos, neste capítulo, que os assessores jurídicos, os analistas judiciários e os técnicos judiciários devem realizar suas funções com a observância de alguns quesitos relacionados à ética e ao sigilo profissional.

Os padrões éticos dos servidores públicos derivam da própria natureza de sua atuação, ou seja, do caráter público das funções que exercem. A questão da ética pública está diretamente relacionada aos princípios fundamentais previstos na Constituição Federal, que visam amparar os valores morais da boa conduta e da boa-fé. A atuação do servidor público, pois, deve ser sempre pautada nesses princípios, para com isso representar a prestação de um serviço público de qualidade.

A moralidade do servidor do Judiciário deve estar acima de qualquer suspeita. Recolhimento de custas, levantamento de valores, recebimento de bens, dinheiro e armas apreendidos representam situações em que o servidor tem de ser extremamente correto. Nesses casos, qualquer deslize do profissional, além de prejudicar sua carreira, macula a imagem da própria Justiça perante a sociedade.

Ainda com relação à análise dos deveres do assessor jurídico, do analista judiciário e do técnico judiciário, abordamos o sigilo profissional e o segredo de justiça. No exercício de suas funções, os servidores têm acesso a diversas informações consideradas sigilosas, que não podem ser repassadas a todos. Nessas situações, cabe a eles agir com discrição, resguardando documentos sigilosos e preservando em ambiente apropriado as informações afetas ao serviço.

Questões para revisão

1) O que é ética? De que forma ela se aplica ao serviço público?

2) Descreva como o sigilo profissional se aplica aos cargos de assessor jurídico, analista judiciário e técnico judiciário.

3) O art. 156 da Lei n. 16.024/2008 elenca os deveres dos servidores da Justiça Estadual do Paraná. Assinale a alternativa que **não** corresponde às obrigações descritas na referida legislação:
   a. Pontualidade.
   b. Lealdade e respeito às instituições a que servir.
   c. Observação das normas legais e regulamentares.
   d. Cumprimento de ordens superiores, mesmo que manifestamente ilegais.

4) Assinale a afirmação correta sobre o conceito de *segredo de justiça*:
   a. O segredo de justiça corresponde à restrição de informação que todos os processos devem respeitar, para a garantia da efetividade das decisões judiciais.
   b. A base do segredo de justiça é manter sob sigilo processos judiciais ou investigações policiais, que normalmente são públicos, por força de lei ou de decisão judicial.
   c. Deve ocorrer como regra o segredo de justiça, devendo somente em casos excepcionais haver a divulgação de dados referentes a processos de interesse da sociedade.
   d. O segredo de justiça ocorre em situações em que o interesse público prevalece sobre o interesse privado de restrição de informações.

5) Segundo dispõe o art. 2º da Lei n. 8.027/1990, o chamado *Código de Ética dos Servidores Públicos*, configura-se como sigilo profissional:

a. o dever do servidor público de guardar sigilo sobre assuntos da repartição, desde que envolvam questões relativas à segurança pública e à sociedade.
b. a proibição de divulgação de quaisquer informações relacionadas a processos em andamento.
c. a restrição de acesso aos autos somente às partes e a seus advogados.
d. a proteção das informações de todos os processos, somente permitindo sua consulta mediante decisão judicial.

Questões para reflexão

1) A Lei n. 8.906/1994, que dispõe sobre o Estatuto da Advocacia e a Ordem dos Advogados do Brasil (OAB), em seu art. 28, inciso IV, estabelece que a advocacia é incompatível, mesmo em causa própria, com as atividades exercidas por "ocupantes de cargos ou funções vinculados direta ou indiretamente a qualquer órgão do Poder Judiciário" (Brasil, 1994). Assim, o exercício dos cargos de assessor jurídico, analista judiciário e técnico judiciário é incompatível com a advocacia. Reflita sobre a incompatibilidade citada na lei.

2) A Lei n. 16.024/2008, em seu art. 156, determina como dever dos servidores da Justiça Estadual do Paraná guardar sigilo sobre assunto da repartição. Quais são as sanções para esse tipo de violação de dever disciplinar? O sigilo profissional pode contrariar o princípio da publicidade dos atos da Administração?

Consultando a legislação

Para aprofundar seus conhecimentos sobre os temas abordados neste capítulo, consulte os documentos indicados a seguir.

BRASIL. Constituição (1988). **Diário Oficial da União**, Brasília, DF, 5 out. 1988. Disponível em: <http://www.planalto.gov.br/ccivil_03/constituicao/ConstituicaoCompilado.htm>. Acesso em: 6 set. 2017.

_____. Decreto-Lei n. 2.848, de 7 de dezembro de 1940. **Diário Oficial da União**, Poder Executivo, Brasília, DF, 31 dez. 1940. Disponível em: <http://www.planalto.gov.br/ccivil_03/decreto-lei/Del2848compilado.htm>. Acesso em: 6 set. 2017.

_____. Lei n. 8.027, de 12 de abril de 1990. **Diário Oficial da União**, Poder Legislativo, Brasília, DF, 13 abr. 1990. Disponível em: <http://www.planalto.gov.br/CCivil_03/LEIS/L8027.htm>. Acesso em: 6 set. 2017.

_____. Lei n. 8.112, de 11 de dezembro de 1990. **Diário Oficial da União**, Poder Executivo, Brasília, DF, 19 abr. 1991. Disponível em: <http://www.planalto.gov.br/CCIVIL_03/leis/L8112cons.htm>. Acesso em: 6 set. 2017.

_____. Lei n. 8.906, de 4 de julho de 1994. **Diário Oficial da União**, Poder Legislativo, Brasília, DF, 5 jul. 1994. Disponível em: <http://www.planalto.gov.br/ccivil_03/Leis/L8906.htm>. Acesso em: 6 set. 2017.

_____. Lei n. 9.296, de 24 de julho de 1996. **Diário Oficial da União**, Poder Executivo, Brasília, DF, 25 jul. 1996. Disponível em: <http://www.planalto.gov.br/CCivil_03/LEIS/L9296.htm>. Acesso em: 6 set. 2017.

_____. Lei n. 12.850, de 2 de agosto de 2013. **Diário Oficial da União**, Poder Executivo, Brasília, DF, 5 ago. 2013. Disponível em: <http://www.planalto.gov.br/ccivil_03/_Ato2011-2014/2013/Lei/L12850.htm#art26>. Acesso em: 25 set. 2017.

BRASIL. Lei n. 13.105, de 16 de março de 2015. **Diário Oficial da União**, Poder Legislativo, Brasília, DF, 17 mar. 2015. Disponível em: <http://www.planalto.gov.br/ccivil_03/_Ato2015-2018/2015/Lei/L13105.htm>. Acesso em: 6 set. 2017.

PARANÁ. Lei n. 16.024, de 19 de dezembro de 2008. **Diário Oficial do Estado do Paraná**, Poder Legislativo, Curitiba, 19 dez. 2008. Disponível em: <http://www.legislacao.pr.gov.br/legislacao/pesquisarAto.do?action=exibir&codAto=16466&indice=1&totalRegistros=2>. Acesso em: 6 set. 2017.

VI

Pesquisa de doutrina e de jurisprudência

Conteúdos do capítulo:

» Doutrina.
» Jurisprudência.
» Pesquisa e sua importância.
» Aplicabilidade da pesquisa de doutrina e de jurisprudência.

Neste capítulo, abordaremos uma importante tarefa que integra o conjunto de atribuições do assessor jurídico, do analista judiciário e do técnico judiciário. Trata-se da pesquisa de doutrina e de jurisprudência, que é ferramenta essencial para o embasamento de decisões, pareceres, pronunciamentos e elaboração de peças jurídicas.

Podemos afirmar que a doutrina e a jurisprudência compõem juntas a forma como o direito evolui e se desenvolve em todo o nosso ordenamento jurídico com o passar do tempo.

A **doutrina** caracteriza-se como um conjunto de princípios, ideias e ensinamentos de autores e juristas que influenciam e fundamentam as decisões judiciais, servindo de base para o direito. É aplicada também na interpretação das leis, fixando as diretrizes gerais das normas jurídicas. A **doutrina jurídica**, também chamada de *direito científico*, compõe-se de estudos e teorias contidos em livros, monografias e artigos e tem o objetivo de sistematizar e explicar os temas relativos à matéria do direito.

> *Podemos afirmar que a doutrina e a jurisprudência compõem juntas a forma como o direito evolui e se desenvolve em todo o nosso ordenamento jurídico com o passar do tempo.*

Por meio da doutrina, é possível o estudo aprofundado de normas e princípios, bem como a atualização de conceitos e institutos. Para isso, os operadores do direito examinam não somente as leis, mas também sua aplicabilidade nos casos concretos, avaliando, inclusive, sua efetividade.

Nesse processo, ocorre a **especialização dos temas**, por meio da qual se organizam as áreas de atuação e se torna mais fácil a compressão do vasto ordenamento jurídico que rege nossa sociedade.

Graças ao estudo do direito, com relação à doutrina, ele foi dividido em diversas matérias, o que permitiu um aperfeiçoamento de cada ramo da ciência jurídica. São exemplos dessa especialização: direito constitucional, direito administrativo, direito trabalhista, direito penal, direito civil, direito tributário, direito processual penal e direito processual civil.

Portanto, é dessa forma que a doutrina contribui para a formação do direito em si. Os autores se aprofundam nos temas, avaliando as legislações vigentes e sua aplicabilidade.

Além disso, por meio de debate, ou seja, da confrontação intelectual, é possível que se encontre a posição mais equilibrada. Com isso, a doutrina desenvolve alternativas que provocam o aprimoramento do direito, de modo a aperfeiçoar cada vez mais a prestação jurisdicional.

A doutrina ainda se revela importante nos casos do que se denomina *analogia legal*, ou seja, o trabalho do estudioso concentrado nas lacunas da lei. Estamos nos referindo aqui àqueles assuntos de que as leis não tratam, ou que elas não alcançam, ou, ainda, que são abordados de maneira equivocada.

Justamente por esse motivo, muitas vezes, os doutrinadores ou estudiosos de determinados ramos do direito são chamados para compor comissões no Poder Legislativo. Assim, eles podem ajudar a elaborar os projetos de lei e as reformas de legislações vigentes.

Portanto, a doutrina jurídica é fundamental para o direito e influencia direta e indiretamente a produção de leis e os julgamentos, fornecendo fundamento científico tanto ao legislador quanto ao julgador.

A **jurisprudência** é considerada também fonte do direito e, de forma simplificada, representa o posicionamento do Judiciário com relação à aplicação do direito aos casos concretos. As decisões reiteradas, que são as proferidas por um órgão julgador, em que no mínimo três magistrados devem proferir seus votos, constituem a jurisprudência como fonte do direito.

O termo *jurisprudência* vem de *iurisprudentia*, da época clássica romana, que tem o sentido de direito dos escritos dos *iuris prudentes*, ou conhecedores do direito. Na época, eles eram consultados sobre questões da sociedade, e suas respostas eram consideradas como se fossem leis.

Assim, a jurisprudência é o conjunto de reiteradas decisões dos tri-

> *A doutrina jurídica é fundamental para o direito e influencia direta e indiretamente a produção de leis e os julgamentos, fornecendo fundamento científico tanto ao legislador quanto ao julgador.*

bunais sobre certa matéria, refletindo um posicionamento desses órgãos julgadores.

> *A jurisprudência é o conjunto de reiteradas decisões dos tribunais sobre certa matéria, refletindo um posicionamento desses órgãos julgadores.*

Além disso, quando determinado assunto se torna efetivamente decidido, ou seja, a Corte resolve adotar um posicionamento que é aplicável a todos os casos semelhantes, são editadas as **súmulas** ou **enunciados**: um resumo dos tópicos principais das decisões predominantes dos tribunais em determinada matéria.

Nesse sentido, o art. 103-A da Constituição Federal de 1988 (Brasil, 1988), incluído pela Emenda Constitucional n. 45, de 30 de dezembro de 2004 (Brasil, 2004), prevê:

> Art. 103-A. *O Supremo Tribunal Federal poderá, de ofício ou por provocação, mediante decisão de dois terços de seus membros, após reiteradas decisões sobre matéria constitucional, aprovar súmula que, a partir de sua publicação na imprensa oficial, terá efeito vinculante em relação aos demais órgãos do Poder Judiciário e à administração pública direta e indireta, nas esferas federal, estadual e municipal, bem como proceder à sua revisão ou cancelamento, na forma estabelecida em lei.*

A súmula deve conter a interpretação, a legitimidade e os efeitos de determinadas normas sobre as quais haja controvérsia entre órgãos judiciários ou entre estes e a Administração Pública. O intuito é evitar a insegurança jurídica e a multiplicação de processos sobre questão idêntica.

6.1 Aplicabilidade e procedimentos

Nesta seção, trataremos da aplicabilidade da pesquisa de doutrina e de jurisprudência, com o objetivo de esclarecer a razão de ser dessa atividade a ser desenvolvida por assessores jurídicos, analistas judiciários e técnicos judiciários, notadamente aqueles que atuam no assessoramento.

Na pesquisa de doutrina, as obras devem ser selecionadas conforme o assunto de que tratam, como mencionamos anteriormente. Nessas obras, o servidor pode encontrar o entendimento do autor sobre o assunto a que se refere o processo que está analisando. Sabemos que o direito apresenta diversas ramificações e especializações – é nelas que o operador deve concentrar seu trabalho.

É possível realizar a pesquisa com base no assunto ou no dispositivo legal. Nos casos em que se puder buscar por palavras-chave no índice remissivo, a pesquisa pode ser facilitada e o trabalho pode ficar mais ágil. Em situações de pesquisa por dispositivo legal, como um artigo de lei, a opção por códigos comentados também pode facilitar a tarefa.

Os **índices remissivos** estão localizados no final das obras e trazem a relação dos assuntos examinados, com a indicação das páginas em que tais pontos foram abordados pelo autor.

Os **códigos comentados** podem facilitar a pesquisa de doutrina quando se busca especificamente alguma norma. Há diversos códigos comentados, como o Código Civil (CC), o Código Penal (CP), o Código de Processo Civil (CPC), o Código de Processo Penal (CPP) e o Código de Defesa do Consumidor (CDC). Nessas obras, os autores fazem uma análise e apresentam seu posicionamento sobre as leis, artigo por artigo, facilitando a pesquisa.

A pesquisa de jurisprudência, por sua vez, é feita hoje exclusivamente por meio dos *sites* dos tribunais, cujos mecanismos de busca reservam campos específicos para esse fim. Essas ferramentas são formuladas de forma a permitir o amplo acesso aos julgados, muitos dos quais apresentam a prévia formatação para citação.

Cabe também destacar alguns endereços eletrônicos nos quais se encontram essas ferramentas:

» Supremo Tribunal Federal: <http://www.stf.jus.br/portal/principal/principal.asp>.
» Superior Tribunal de Justiça: <http://www.stj.jus.br/portal/site/STJ>.
» Portal da Justiça Federal: <http://www.jf.jus.br>.
» Tribunal de Justiça do Estado do Paraná: <http://www.tjpr.jus.br>.

Nesses portais, o usuário deve preencher o campo de pesquisa com palavras-chave para efetuar a busca por determinado assunto. Existem também ferramentas para filtrar ou refinar a pesquisa, que possibilitam especificar os tipos de decisão, o órgão julgador e até mesmo o relator.

Tais ferramentas são muito úteis na tarefa de examinar os posicionamentos. Por exemplo, se o assessor jurídico ou o técnico judiciário trabalha em um gabinete de desembargador ou juiz substituto de segundo grau, pode pesquisar especificamente os precedentes da câmara em que atua o magistrado, para observar o posicionamento do colegiado sobre determinado tema. Aqui vale salientar que as citações, tanto de doutrina quanto de jurisprudência, devem ser feitas entre aspas e com a referência de fonte.

Neste ponto, torna-se relevante mencionar outro aspecto importante: tanto a doutrina quanto a jurisprudência muitas vezes apresentam divergência, isto é, posicionamentos contrários. Isso normalmente ocorre quando se trata de temas polêmicos e reflete a dificuldade em se firmar um entendimento sobre determinado assunto.

Em tais situações, o servidor deve levar ao magistrado as controvérsias e os fundamentos identificados em cada tese para, com isso, assessorá-lo da melhor maneira possível em relação ao posicionamento sobre o assunto.

Cabe também destacar que a doutrina e a jurisprudência, principalmente esta última, costumam mudar seu posicionamento com o decorrer do tempo. Justamente por isso, ao citar jurisprudências em uma proposta de voto ou de sentença, o assessor jurídico ou o analista judiciário deve utilizar julgados recentes como forma de sustentar o posicionamento adotado. Citar somente julgamentos antigos como precedentes demonstra fragilidade de fundamentação, pois pode ter ocorrido uma mudança na interpretação.

Na doutrina, tal fenômeno não ocorre com tanta frequência, pois existem os autores chamados *clássicos*, que, mesmo sem produzir obras, continuam a ser citados na fundamentação de decisões judiciais pelo prestígio que conquistaram em determinadas áreas do direito.

Outro fato que pode acontecer quanto à doutrina, em algumas ocasiões, é a falta de posicionamento por determinado período. Isso ocorre em razão de alterações legislativas de grande monta, que modificam substancialmente o ordenamento jurídico sobre determinados assuntos.

É o que acontece, por exemplo, nas situações de reformas legislativas, como foram os casos do então chamado *Novo Código Civil*, de 2002, que substituiu o anterior, de 1916, e da nova Lei de Drogas, a Lei n. 11.343, de 23 de agosto de 2006 (Brasil, 2006a), que substituiu a Lei n. 6.368, de 21 de outubro de 1976 (Brasil, 1976).

6.2 Exemplos práticos

Considerando as diretrizes observadas na Seção anterior, apresentaremos alguns exemplos de pesquisa por meio de palavras-chaves para diferentes ramos do direito.

No âmbito da doutrina concernente ao direito constitucional, pesquisamos o tema *liberdade de expressão jornalística*. Veja o que encontramos sobre o tópico, pela citação de Sergio Cavalieri Filho (2006, p. 132):

> *Não é demais lembrar que dois são os componentes da liberdade de informação jornalística: o direito de livre pesquisa e divulgação e o direito da coletividade de receber notícias que correspondam a uma realidade fática. Os órgãos de comunicação, é verdade, não estão obrigados a apurar, em todos os casos, a veracidade dos fatos antes de torná-los públicos. Se tal lhes fosse exigido, a coletividade ficaria privada do direito à informação, que deve ser contemporânea às ocorrências, sob pena de tornar-se caduca e desatualizada, perdendo sua finalidade. Forçoso reconhecer, entretanto, que, por estar o direito de livre pesquisa e publicidade constitucionalmente condicionado à inviolabilidade da intimidade, da vida privada, da honra e da imagem, sempre que o primeiro extrapolar os seus limites, quer por sensacionalismo, quer por falta de cuidado, surgirá o dever de indenizar.*

Sobre a mesma temática, identificamos também o texto de Alexandre de Moraes (2005, p. 735):

> *A manifestação do pensamento, a criação, a expressão, a informação e a livre divulgação dos fatos, consagrados constitucionalmente no inciso XIV do art. 5º da Constituição Federal, devem ser interpretados em conjunto com a inviolabilidade à honra e à vida privada*

(CF, art. 5º, X), bem como a proteção à imagem (CF, art. 5º, XXVII, a), sob pena de responsabilização do agente divulgador por danos materiais e morais (CF, art. 5º, V e X). [...] Jean François Revel faz importante distinção entre a livre manifestação de pensamento e o direito de informar, apontando que a primeira deve ser reconhecida inclusive aos mentirosos e loucos, enquanto o segundo, diferentemente, deve ser objetivo, proporcionando informação exata e séria.

Também sobre o tema *liberdade de expressão*, destacamos da jurisprudência o seguinte julgado do Superior Tribunal de Justiça (STJ): "A liberdade de informação e de manifestação do pensamento não constituem direitos absolutos, sendo relativizados quando colidirem com o direito à proteção da honra e da imagem dos indivíduos, bem como ofenderem o princípio constitucional da dignidade da pessoa humana" (Brasil, 2007).

Os julgados que seguem foram igualmente encontrados no *site* do STJ:

> AGRAVO REGIMENTAL EM AGRAVO (ART. 544 DO CPC) – AÇÃO DE INDENIZAÇÃO POR DANOS MORAIS – MATÉRIA JORNALÍSTICA – EXERCÍCIO REGULAR DO DIREITO DE INFORMAÇÃO – HONORÁRIOS ADVOCATÍCIOS – RAZOABILIDADE – DECISÃO MONOCRÁTICA QUE NEGOU PROVIMENTO AO RECURSO.
> 1. Não se configura o dano moral quando a matéria jornalística limita-se à narração de fatos de interesse público, havendo, nestes casos, exercício regular do direito de informação. Precedentes. A discussão acerca da existência ou não do dever de reparar demanda a reapreciação probatória, providência obstada pela incidência da Súmula 7/STJ.

2. Conforme pacífica jurisprudência do Superior Tribunal de Justiça, só é permitido modificar valores fixados a título de honorários advocatícios se estes se mostrarem irrisórios ou exorbitantes, exigindo-se, ainda, que as instâncias ordinárias não tenham emitido concreto juízo de valor sobre o tema. Do contrário, o recurso especial queda obstado pelo texto cristalizado na Súmula n. 7/STJ. 3. Agravo regimental desprovido. (AgRg no AREsp 525.516/SP, Rel. Ministro MARCO BUZZI, QUARTA TURMA, julgado em 18/09/2014, DJe 25/09/2014).

AGRAVO REGIMENTAL NO AGRAVO EM RECURSO ESPECIAL. AÇÃO INDENIZATÓRIA POR DANOS MORAIS E À IMAGEM. VEICULAÇÃO DE REPORTAGEM JORNALÍSTICA DE MATÉRIA OFENSIVA À IMAGEM E À HONRA DE PESSOA PÚBLICA OCUPANTE DE CARGO POLÍTICO. DANO NÃO CONFIGURADO. SÚMULA 7/STJ. IMPROVIMENTO.
1. A convicção a que chegou o Tribunal quanto à ausência de configuração de dano moral passível de indenização, em razão da veiculação de matéria jornalística que teceu críticas e emitiu opinião às ações políticas do partido e do grupo político que governa o Estado, decorreu da análise do conjunto fático-probatório. O acolhimento da pretensão recursal demandaria o reexame do mencionado suporte, o que é defeso a esta Corte, a teor do enunciado da Súmula 7/STJ.
2. Agravo Regimental improvido. (AgRg no AREsp 501.717/AP, Rel. Ministro SIDNEI BENETI, TERCEIRA TURMA, julgado em 27/05/2014, DJe 20/06/2014).

AGRAVO REGIMENTAL EM AGRAVO DE INSTRUMENTO. MATÉRIA JORNALÍSTICA. MERO ANIMUS NARRANDI. DANO MORAL NÃO CONFIGURADO. REGULAR EXERCÍCIO DO DIREITO DE INFORMAÇÃO. PRECEDENTES. DISSÍDIO NÃO DEMONSTRADO. RECURSO A QUE SE NEGA PROVIMENTO.

> 1. A jurisprudência desta Corte Superior firmou-se no sentido de que não se configura o dano moral quando a matéria jornalística limita-se a tecer críticas prudentes – animus criticandi – ou a narrar fatos de interesse público – animus narrandi. Há, nesses casos, exercício regular do direito de informação.
> 2. Na hipótese, o Tribunal de origem, com base em análise do acervo fático-probatório dos autos, concluiu que a reportagem veiculada pela imprensa possuía mero animus narrandi e que, portanto, não estaria configurado o dano moral. Rever tal entendimento demandaria o vedado exame das provas carreadas aos autos, a teor da Súmula 7/STJ.
> 3. O conhecimento do recurso fundado na alínea "c" do permissivo constitucional pressupõe a demonstração analítica da alegada divergência. Para tanto, faz-se necessário a transcrição dos trechos que configurem o dissenso, com a indicação das circunstâncias que identifiquem os casos confrontados, ônus do qual não se desincumbiu o recorrente.
> 4. Agravo regimental a que se nega provimento. (AgRg no AREsp [núm.] /DF, Rel. Ministro [nome do juiz], QUARTA TURMA, julgado em 16/10/2012, DJe 23/10/2012)

Após uma busca no portal do Tribunal de Justiça do Paraná (TJPR) sobre o mesmo tema encontramos, entre outros, o seguinte resultado:

> Apelação Cível. Indenização por danos morais. Programa de rádio. Esfera Municipal. Reprodução de notícia veiculada em jornal de âmbito Estadual. Dano moral. Inocorrência. Direito de informação. Processo investigatório. Ausência de extrapolação dos limites informativos. Pessoa pública. Honra relativizada. Precedentes STJ. Sentença confirmada. Recurso não provido.

> 1. "[...] RECURSO ESPECIAL. OFENSA À HONRA. DANO MORAL. PESSOA PÚBLICA. ÂMBITO DE PROTEÇÃO REDUZIDO. DOCUMENTO. JUNTADA APELAÇÃO. POSSIBILIDADE. SEGREDO DE JUSTIÇA. VIOLAÇÃO. INOCORRÊNCIA. [...]"
> (STJ. 4.ª Turma. REsp [núm] / MG. Rel. [nome do juiz]. Julg. 04/02/2010. DJe 08/03/2010)
> 2. O conteúdo da reprodução da notícia em questão não passou de mero dissabor, aborrecimento passageiro, não passível de indenização por dano moral.
> 3. Da leitura atenta dos autos não se extraem elementos suficientes a responsabilizar os apelados pelas consequências daí advindas, sobretudo porque a notícia já havia sido veicula em jornal de maior repercussão. (TJPR – 10ª C. Cível – AC – 765456-4 – Foro Regional de Araucária da Comarca da Região Metropolitana de Curitiba – Rel.: [nome do juiz] – Unânime – J. 01.09.2011)

Na esfera civil, pesquisamos o tema *contratos de plano de saúde*. Acerca desse tópico, ensina Cláudia Lima Marques (2004, p. 414):

> *Nesse sentido, a relação contratual básica do plano de saúde é uma obrigação de resultado, um serviço que deve possuir a qualidade e a adequação imposta pela nova doutrina contratual. É obrigação de resultado porque o que se espera do segurador ou prestador é um "fato", um "ato" preciso, um prestar serviços médicos, um reembolsar quantias, um fornecer exames, alimentação, medicamentos, um resultado independente dos "esforços" (diligentes ou não) para obter os atos e fatos contratualmente esperados.*

Da jurisprudência, extraímos o posicionamento do TJPR sobre o mesmo tema:

> APELAÇÃO CÍVEL – AÇÃO DE INDENIZAÇÃO POR DANOS MATERIAIS E MORAIS – [...] INFUNDADA NEGATIVA DE COBERTURA DE PLANO DE SAÚDE – [...] PRETENSÃO DE INEXISTÊNCIA OU REDUÇÃO DO VALOR DE DANOS MORAIS – IMPROCEDÊNCIA – DANO MORAL CONFIGURADO – CONDIÇÕES PSÍQUICAS AGRAVADAS – VALOR QUE SE MOSTRA RAZOÁVEL – ATENDE SUA DUPLA FINALIDADE – PRECEDENTES – RECURSO CONHECIDO E PROVIDO PARCIALMENTE. (TJPR, 8ª CCiv, AC 874596-4, Rel. [nome do juiz], DJ 31/07/2012)
> 1. "O plano de saúde pode estabelecer quais doenças estão sendo cobertas, mas não que tipo de tratamento está alcançado para a respectiva cura. Se a patologia está coberta, no caso, o câncer, é inviável vedar a quimioterapia pelo simples fato de ser esta uma das alternativas possíveis para a cura da doença. A abusividade da cláusula reside exatamente nesse preciso aspecto, qual seja, não pode o paciente, em razão de cláusula limitativa, ser impedido de receber tratamento com o método mais moderno disponível no momento em que instalada a doença coberta". (REsp 668216/SP, Rel. Ministro CARLOS ALBERTO MENEZES DIREITO)
> 2. Tendo em vista que o contrato celebrado prevê cobertura de forma genérica ao tratamento de "braquiterapia", sem excluir expressamente o tipo necessitado pelo paciente, interpretando-o de maneira mais favorável ao autor/consumidor, tem-se como ilegítima a negativa da apelante". [...] (TJ-PR 8745964 PR 874596-4 (Acórdão), Relator: [nome do juiz], Data de Julgamento: 19/07/2012, 8ª Câmara Cível)

No *site* do STJ, por meio da ferramenta de busca, encontramos o seguinte julgado:

> CIVIL E PROCESSUAL CIVIL. AGRAVO REGIMENTAL NO RECURSO ESPECIAL. CONTRATO DE PLANO DE SAÚDE. EMBARGOS DE DECLARAÇÃO. OMISSÃO, CONTRADIÇÃO OU OBSCURIDADE. NÃO OCORRÊNCIA. RECUSA NO CUSTEIO DE TRATAMENTO COM MEDICAMENTO PRESCRITO POR MÉDICO ESPECIALISTA. ABUSIVIDADE RECONHECIDA. JULGAMENTO DO APELO EM CONSONÂNCIA COM ORIENTAÇÃO DESTE SODALÍCIO. SÚMULA 83/STJ.
> 1. Não subsiste a alegada ofensa ao art. 535 do CPC porque o Tribunal de origem enfrentou todas as questões postas, não havendo no acórdão recorrido omissão, contradição ou obscuridade.
> 2. As instâncias ordinárias, cotejando o acervo probatório, concluíram que houve recusa injustificada para o custeio de tratamento prescrito por médico especialista.
> 3. Entende-se por abusiva a cláusula contratual que exclui tratamento prescrito para garantir a saúde ou a vida do segurado, porque o plano de saúde pode estabelecer as doenças que terão cobertura, mas não o tipo de terapêutica indicada por profissional habilitado na busca da cura.
> 4. A prestadora de serviço não apresentou argumento novo capaz de modificar as conclusões adotadas, que se apoiaram em entendimento aqui consolidado. Incidência da Súmula n. 83 do STJ.
> 5. Agravo regimental não provido. (AgRg no REsp 1476276/SP, Rel. Ministro [nome do juiz], TERCEIRA TURMA, julgado em 24/03/2015, DJe 07/04/2015)

No âmbito da doutrina referente ao processo civil, pesquisamos sobre o tema *antecipação de tutela*. A respeito dessa matéria, explicam Luiz Guilherme Marinoni e Sérgio Cruz Arenhart (2006, p. 214-215):

> O art. 273 afirma que "o juiz poderá, a requerimento da parte, antecipar, total ou parcialmente, os efeitos da tutela pretendida no pedido inicial, desde que, existindo prova inequívoca, se convença da verossimilhança da alegação".
>
> [...]
>
> Sublinhe-se, antes de mais nada, que a tutela antecipatória fundada no art. 273, II e §6º, tem peculiaridades especiais no que diz respeito à prova em que se funda. Além disso, é importante frisar que a tutela antecipatória baseada em fundado receio de dano poderá ser requerida não só depois de encerrada a fase instrutória, como também, após ter sido proferida a sentença (quando obviamente não se pode pensar em restrição à produção de prova).

Para Humberto Theodoro Júnior (1996, p. 124-125),

> Verossimilhança, em esforço propedêutico, que se quadre com o espírito do legislador, é a aparência da verdade, o razoável, alcançando, em interpretação "lato sensu", o próprio "fumus boni iuris" e, principalmente, o "periculum in mora". Prova inequívoca é aquela clara, evidente, que apresenta grau de convencimento tal que a seu respeito não se possa levantar dúvida razoável, equivalendo, em última análise, à verossimilhança da alegação, mormente no tocante ao direito subjetivo que a parte queira preservar. [...] E, como prova inequívoca do direito do requerente, deve-se ter aquela que lhe asseguraria sentença de mérito favorável, caso tivesse a causa de ser julgada no momento da apreciação do pedido de medida liminar autorizada pelo novo art. 273. Por se tratar de antecipação de tutela satisfativa da pretensão de mérito,

exige-se, quanto ao direito subjetivo do litigante, prova mais robusta do que o mero *"fumus boni iuris"* das medidas cautelares (não satisfativas).

Pesquisando a jurisprudência do STJ, obtivemos o seguinte resultado:

> AGRAVO REGIMENTAL NOS EMBARGOS DE DECLARAÇÃO NO AGRAVO EM RECURSO ESPECIAL. DECISÃO DE ANTECIPAÇÃO DOS EFEITOS DA TUTELA CONFIRMADA NA SENTENÇA. PERDA DO OBJETO DO AGRAVO DE INSTRUMENTO INTERPOSTO CONTRA A DECISÃO PRECÁRIA. AGRAVO IMPROVIDO.
> 1. De acordo com a jurisprudência do Superior Tribunal de Justiça, a sentença de mérito que confirma a antecipação da tutela absorve seus efeitos, por se tratar de decisão proferida em cognição exauriente, ocasionando a perda do objeto do agravo de instrumento. Precedentes.
> 2. No caso, a sentença confirmou a antecipação dos efeitos da tutela, determinando à agravante a compra de carro adaptável destinado ao transporte do agravado. Assim, o pedido de suspensão dos efeitos da decisão precária ficou prejudicado com a sentença de mérito amparada em cognição exauriente, esvaecendo-se o conteúdo do agravo de instrumento.
> 3. Agravo regimental a que se nega provimento. (AgRg nos EDcl no AREsp [núm]/RJ, Rel. Ministro [nome do juiz], TERCEIRA TURMA, julgado em 19/03/2015, DJe 25/03/2015)
>
> AGRAVO REGIMENTAL NO RECURSO ESPECIAL. PENSIONISTA DE MAGISTRADO. PARCELA AUTÔNOMA DE EQUIVALÊNCIA. RECONHECIMENTO NA VIA ADMINISTRATIVA. SUBTRAÇÃO EXCLUSIVAMENTE DOS PENSIONISTAS. BENEFÍCIO DE NATUREZA PREVIDENCIÁRIA. ANTECIPAÇÃO DE TUTELA. POSSIBILIDADE.

> 1. A jurisprudência desta Corte é firme no sentido de que é possível a concessão de medida liminar em ações de natureza previdenciária, como no caso de que ora se cuida, em consonância com o entendimento do Supremo Tribunal Federal, consubstanciado no verbete de Súmula n. 729, verbis: "A decisão na Ação Direta de Constitucionalidade 4 não se aplica à antecipação de tutela em causa de natureza previdenciária." (AgRg no REsp [núm]/RN, Rel. Ministro [nome do juiz], SEGUNDA TURMA, DJe 09/10/2013).
> 2. Agravo regimental a que se nega provimento. (AgRg no REsp [núm]/RN, Rel. Ministro [nome do juiz], PRIMEIRA TURMA, julgado em 19/03/2015, DJe 27/03/2015)

Com relação à doutrina no ramo do direito do consumidor, a pesquisa foi sobre o tema *inversão do ônus da prova*. Conforme Luiz Paulo da Silva Araújo Filho (2002, p. 8),

> *Presente algum dos requisitos legais, a inversão do ônus da prova não depende de requerimento da parte, e deve ser aplicada* ex officio *pelo juiz, mesmo porque as normas de proteção e defesa do consumidor são de ordem pública e interesse social,* ex vi *do art. 1º do Código de Defesa do Consumidor.*

Quanto à mesma temática, a pesquisa na jurisprudência do TJPR, resultou no que apresentamos a seguir:

> AGRAVO DE INSTRUMENTO. AÇÃO DE REPARAÇÃO DE DANOS. DECISÃO HOSTILIZADA NÃO CONCEDE A INVERSÃO DO ÔNUS DA PROVA. FORMAL INCONFORMISMO. ARGUIÇÃO DE OCORRÊNCIA DE REQUISITOS AUTORIZADORES DA MEDIDA. CONGRUIDADE. HIPOSSUFICIÊNCIA TÉCNICA CONFIGURADA. RECURSO PROVIDO. (TJPR – 8ª C. Cível – AI – [núm.] – Paraíso do Norte – Rel.: [nome do juiz] – Unânime – J. 22.03.2012)

AGRAVO DE INSTRUMENTO – CÓDIGO DE DEFESA DO CONSUMIDOR – INVERSÃO DO ÔNUS DA PROVA – HIPOSSUFICIÊNCIA DO CONSUMIDOR – INTELIGÊNCIA DO ARTIGO 6°, VIII, DO CÓDIGO DE DEFESA DO CONSUMIDOR. 1. Para a inversão do ônus da prova basta a demonstração da verossimilhança das alegações ou da hipossuficiência – econômica ou técnica – do consumidor, "ex vi" do disposto no artigo 6°, inciso VIII, do Código de Defesa do Consumidor. 2. Recurso desprovido (TJPR, AI 391.019-6, 7ª C.C., rel. [nome do juiz], j: 12.06.2007)

AGRAVO DE INSTRUMENTO. AÇÃO ORDINÁRIA DE REPARAÇÃO DE DANOS. INVERSÃO DOS ÔNUS DA PROVA. POSSIBILIDADE. PREENCHIMENTO DOS REQUISITOS DISPOSTOS NO CÓDIGO DE DEFESA DO CONSUMIDOR. RECURSO NÃO PROVIDO. (TJPR – 10ª C. Cível – AI – 783285-3 – Cascavel – Rel.: [nome do juiz] – Unânime – J. 19.01.2012)

AGRAVO DE INSTRUMENTO. REPARAÇÃO DE DANOS. RELAÇÃO DE CONSUMO. INVERSÃO DO ÔNUS DA PROVA. PRESENÇA DOS REQUISITOS. A presença dos requisitos legais, hipossuficiência do consumidor e verossimilhança do alegado, autoriza a inversão do ônus da prova, nos termos do art. 6°, inciso VIII, do Código de Defesa do Consumidor. AGRAVO DE INSTRUMENTO PROVIDO. (TJPR – 10ª C. Cível – AI – 782654-4 – Foro Central da Comarca da Região Metropolitana de Curitiba – Rel.: [nome do juiz] – Unânime – J. 28.07.2011)

> Agravo de instrumento. Ação de reparação de danos. Veículo adquirido como novo que apresentou diversas avarias. Código de Defesa do Consumidor. Aplicabilidade. Inversão do ônus da prova. Requisitos presentes. Deferimento. Decisão mantida. Recurso desprovido. Presentes os requisitos legais, hipossuficiência do consumidor e verossimilhança do alegado, inverte-se o ônus da prova, com fundamento no art. 6°, VIII, do CDC. (TJPR – 10ª C. Cível – AI – 937163-7 – Londrina – Rel.: [nome do juiz] – Unânime – J. 11.10.2012)

Na área criminal, fizemos uma pesquisa sobre a *palavra da vítima* com relação a crimes contra o patrimônio. Foram encontrados os ensinamentos de Guilherme de Souza Nucci (2006, p. 437-438):

> *Primeiramente, convém mencionar que as declarações do ofendido constituem meio de prova, tanto quanto o é o interrogatório do réu, quando este resolve falar ao juiz. Entretanto, não se pode dar o mesmo valor à palavra da vítima, que se costuma conferir ao depoimento de uma testemunha, esta, presumidamente, imparcial. Por outro lado, é importante destacar que a prática forense nos mostra haver vítimas muito mais desprendidas e imparciais do que as próprias testemunhas, de forma que suas declarações podem se tornar fontes valorosas de prova. [...] O ofendido nada mais é do que o réu ao contrário, vale dizer, a pessoa que foi agredida querendo justiça, enquanto o outro, a ser julgado, pretendendo mostrar a sua inocência, almeja despertar as razões para que não lhe seja feita injustiça com uma condenação. Em conclusão, pois, sustentamos que a palavra isolada da vítima pode dar margem à condenação do réu, desde que resistente e firme, harmônica com as demais circunstâncias colhidas ao longo da instrução.*

Em Julio Fabbrini Mirabete (2004, p. 317) encontramos as seguintes considerações:

> Como visto, as declarações do ofendido constituem-se em meio de prova sem, contudo, ter, normalmente, o valor legal da prova testemunhal. Em princípio, o conteúdo das declarações deve ser aceito com reservas, já que o ofendido é normalmente interessado no litígio, podendo, às vezes, ser motivado por ódio, vingança etc. Todavia, como se tem assinalado na doutrina e jurisprudência, as declarações do ofendido podem ser decisivas quando se trata de delitos que se cometem às ocultas, como os crimes contra os costumes (estupro, atentado violento ao pudor, sedução, corrupção de menores etc.). É preciso, porém, que as declarações sejam seguras, estáveis, coerentes, plausíveis, uniformes, perdendo sua credibilidade quando o depoimento se revela reticente e contraditório e contrário a outros elementos probatórios. São também sumamente valiosas quando incidem sobre o proceder de desconhecidos, em que o único interesse do lesado é apontar os verdadeiros culpados e narrar-lhes a atuação e não acusar pessoas inocentes. É o que ocorre, por exemplo, nos crimes de roubo, extorsão mediante sequestro etc.

Também sobre o tema *palavra da vítima*, em pesquisa na jurisprudência, obtivemos como resultado o seguinte julgado do Supremo Tribunal Federal (STF):

> HABEAS CORPUS. DIREITO PROCESSUAL PENAL. ATENTADO VIOLENTO AO PUDOR. AUSÊNCIA DE OITIVA DA VÍTIMA EM JUÍZO. VIOLAÇÃO AO PRINCÍPIO DO CONTRADITÓRIO E DA AMPLA DEFESA. INEXISTÊNCIA. CONDENAÇÃO FUNDADA EM TODO ACERVO PROBATÓRIO E NÃO APENAS NO DEPOIMENTO DA VÍTIMA. ORDEM DENEGADA.

1. A sentença condenatória transcrita acima encontra-se em consonância com a jurisprudência deste Supremo Tribunal Federal, que se consolidou no sentido de que, "nos crimes sexuais, a palavra da vítima, em harmonia com os demais elementos de certeza dos autos, reveste-se de valor probante e autoriza a conclusão quanto à autoria e às circunstâncias do crime". Precedentes.
2. Os elementos do inquérito podem influir na formação do livre convencimento do juiz para a decisão da causa quando complementam outros indícios e provas que passam pelo crivo do contraditório em juízo.
3. Para se acolher a tese da impetração e divergir do entendimento assentado no julgado, seria necessário apurado reexame de fatos e provas, o que é inviável na via estreita do habeas corpus. Precedentes.
4. A ação de habeas corpus não pode ser utilizada como sucedâneo de revisão criminal. Precedentes.
5. Writ denegado
(HC [núm.], Relator(a): Min. [nome do juiz], Segunda Turma, julgado em 12/04/2011, DJe-080 DIVULG 29-04-2011 PUBLIC 02-05-2011 EMENT VOL-02512-01 PP-00032)
Em busca no porta do Tribunal de Justiça do Rio Grande do Sul (TJRS), encontramos como resultado a seguinte decisão:
PROVA. ROUBO. PALAVRA DA VÍTIMA. VALOR. GRAVE AMEAÇA. USO DE ARMA DE BRINQUEDO. DELITO CARACTERIZADO.
Em termos de prova convincente, a palavra da vítima, evidentemente, prepondera sobre a do réu. Esta preponderância resulta do fato de que uma pessoa, sem desvios de personalidade, nunca irá acusar desconhecido da prática de um delito, quando isto não ocorreu. E quem é acusado, em geral, procura fugir da responsabilidade de seu ato.

> Portanto, tratando-se de pessoa idônea, sem qualquer animosidade específica contra o agente, não se poderá imaginar que ela vá mentir em Juízo e acusar um inocente.
> Na hipótese, a vítima, em várias fases, reconheceu o recorrido como o autor do roubo, informando que foi ameaçada por ele que portava, na ocasião, uma arma. Mesmo que a arma fosse de brinquedo (quem assim afirma é a própria Acusação), o roubo está configurado, pois este tipo de ameaça tem a idoneidade de intimidar, de incutir medo, diminuindo ou eliminando a resistência da vítima, como prevê o tipo penal do art. 157 do Código Penal. DECISÃO: Apelo ministerial parcialmente provido. Unânime. (Apelação Crime n. [núm.], Sétima Câmara Criminal, Tribunal de Justiça do RS, Relator: [nome do juiz], Julgado em 05/10/2006).

Na área de processo penal, buscamos pelos temas *nulidades* e *deficiências da defesa* no transcorrer da ação penal. Como resultado, obtivemos ensinamentos de Tourinho Filho (2001, p. 355):

> *Em matéria de nulidade, e para simplificar o rigorismo formal, foi adotado o* pas de nullité sans grief. *Não há nulidade sem prejuízo. Para que o ato seja declarado nulo é preciso haja, entre a sua imperfeição e o prejuízo às partes, um nexo efetivo e concreto. Se, a despeito de imperfeito, o ato atingiu o seu fim, sem acarretar-lhes prejuízo, não há cuidar-se de nulidade. A não ser que se trate de nulidade absoluta, cujo prejuízo é presumido. O prejuízo, aqui, evidentemente, é* juris et de jure... *inadmitindo prova em contrário.*

Com base em pesquisa na jurisprudência do STJ, encontramos:

> PROCESSUAL PENAL. HABEAS CORPUS. TRÁFICO DE ENTORPECENTES. DEFICIÊNCIA DE DEFESA. EFETIVO PREJUÍZO NÃO DEMONSTRADO. NULIDADE NÃO RECONHECIDA. AUSÊNCIA DE INTIMAÇÃO DO ADVOGADO CONSTITUÍDO DA SESSÃO DE JULGAMENTO DO RECURSO DE APELAÇÃO. CERCEAMENTO DE DEFESA. NULIDADE ABSOLUTA. ORDEM PARCIALMENTE CONCEDIDA
> 1. Não se reconhece a alegada deficiência de defesa técnica, porquanto, no cenário das nulidades, vigora o princípio geral de que somente se proclama a nulidade de um ato processual quando há a efetiva demonstração de prejuízo (art. 563 do CPP), o que não restou demonstrado na hipótese. [...] (HC [núm.]/SP, Rel. Ministro [nome do juiz], QUINTA TURMA, julgado em 10.05.2007, DJ 28.05.2007 p. 373)

> PENAL E PROCESSUAL PENAL. HABEAS CORPUS. ART. 12 DA LEI 6.368/76 (ANTIGA LEI DE TÓXICOS). CITAÇÃO POR EDITAL. AUSÊNCIA DE NULIDADE. DEFESA TÉCNICA. PENA. DOSIMETRIA.
> I – Não há, no presente caso, nenhum vício na citação do paciente, realizada por edital, porquanto não fora encontrado no endereço por ele declinado. Ademais, foi observado o prazo estabelecido no art. 22, parágrafo 4º, da Lei n. 6.368/76 que regulava, à época, a forma desse ato processual.
> II – A deficiência na defesa do réu é nulidade relativa, cujo reconhecimento depende da efetiva demonstração do prejuízo sofrido pelo acusado em decorrência da má atuação de seu defensor o que, na hipótese, não se operou (Precedentes) [...] (HC [núm.]/PE, Rel. Ministro [nome do juiz], QUINTA TURMA, julgado em 03.04.2007, DJ 21.05.2007, p. 597)

Especificamente sobre esse tema, o STF, depois de decidir reiteradamente, editou a Súmula 523, de 3 de dezembro de 1969: "No processo penal, a falta de defesa constitui nulidade absoluta, mas a sua deficiência só o anulará se houver prova de prejuízo para o réu" (Brasil, 1969).

Síntese

Neste capítulo, apresentamos uma visão geral sobre a doutrina e a jurisprudência e procuramos esclarecer o que ambas representam na prática das atividades do assessor jurídico, do analista judiciário e do técnico judiciário, de modo a demonstrar a importância da pesquisa no assessoramento.

Utilizando exemplos práticos relativos a assuntos aleatórios, buscamos mostrar como é efetivamente feita uma pesquisa de doutrina e de jurisprudência.

Questões para revisão

1) Explique o que é doutrina e o que é doutrina jurídica.

2) Explique o que é jurisprudência e qual é sua importância no direito e nas decisões judiciais.

3) A pesquisa de doutrina e de jurisprudência é uma importante ferramenta no assessoramento. Assinale a alternativa que **não** corresponde a uma atividade de assessoramento:
   a. Elaboração de propostas de voto.
   b. Elaboração de propostas de decisão interlocutórias.
   c. Elaboração de pareceres.
   d. Atendimento ao público.

4) Assinale a alternativa **incorreta**:
   a. A doutrina e a jurisprudência compõem, juntas, a forma como o direito evolui e se desenvolve em todo o nosso ordenamento jurídico com o passar do tempo.
   b. Por meio da doutrina, é possível o estudo aprofundado de normas e princípios, bem como a atualização dos conceitos e institutos.
   c. A jurisprudência é o conjunto de reiteradas decisões dos tribunais sobre certa matéria, refletindo um posicionamento desses órgãos julgadores.
   d. Podemos afirmar que a doutrina e a jurisprudência são definitivas, ou seja, não podem mudar. Uma vez julgado determinado assunto de certa maneira, todos os julgados seguintes serão iguais.

5) Assinale a alternativa correta:
   a. Podemos afirmar que somente a doutrina corresponde à forma como o direito evolui e se desenvolve em todo o nosso ordenamento jurídico com o passar do tempo.
   b. Graças ao estudo do direito, com relação à doutrina, ele foi dividido em diversas matérias, permitindo um aperfeiçoamento de cada ramo da ciência jurídica. São exemplos dessa especialização: direito constitucional, direito administrativo, direito trabalhista, direito penal, direito civil, direito tributário, direito processual penal e direito processual civil.
   c. Segundo o art. 103-A da Constituição Federal, qualquer decisão proferida pelo Supremo Tribunal Federal poderá resultar na edição de súmula.
   d. A doutrina é irrelevante nos casos da chamada *analogia legal*, ou seja, o trabalho do estudioso concentrado nas lacunas da lei.

Questões para reflexão

1) Neste capítulo, mostramos a importância da doutrina no aprimoramento do direito, ao propiciar o aperfeiçoamento da prestação jurisdicional. Descreva, resumidamente, como pode ser feita uma pesquisa de doutrina e reflita sobre a contribuição dessa prática para tal aperfeiçoamento.

2) A jurisprudência é o conjunto de reiteradas decisões dos tribunais sobre certa matéria, refletindo um posicionamento desses órgãos julgadores. Descreva, resumidamente, como pode ser feita uma pesquisa de jurisprudência e reflita sobre o aperfeiçoamento da prestação jurisdicional que essa prática pode propiciar.

Consultando a legislação

Para ampliar seus conhecimentos sobre os assuntos tratados neste capítulo, consulte os documentos indicados a seguir.

BRASIL. Constituição (1988). **Diário Oficial da União**, Brasília, DF, 5 out. 1988. Disponível em: <http://www.planalto.gov.br/ccivil_03/constituicao/ConstituicaoCompilado.htm>. Acesso em: 6 set. 2017.

_____. Constituição (1988). Emenda Constitucional n. 45, de 30 de dezembro de 2004. **Diário Oficial da União**, Brasília, DF, 31 dez. 2004. Disponível em: <http://www.planalto.gov.br/ccivil_03/Constituicao/Emendas/Emc/emc45.htm>. Acesso em: 6 set. 2017.

_____. Lei n. 6.368, de 21 de outubro de 1976. **Diário Oficial da União**, Poder Legislativo, Brasília, DF, 22 out. 1976. Disponível em: <http://www.planalto.gov.br/ccivil_03/leis/L6368.htm>. Acesso em: 6 set. 2017.

BRASIL. Lei n. 11.343, de 23 de agosto de 2006. **Diário Oficial da União**, Poder Legislativo, Brasília, DF, 24 ago. 2006. Disponível em: <http://www.planalto.gov.br/ccivil_03/_ato2004-2006/2006/lei/l11343.htm>. Acesso em: 6 set. 2017.

VII

Elaboração de peças e documentos e participação em atos processuais

Conteúdos do capítulo:

» Peças jurídicas.
» Documentos oficiais.
» Participação em atos processuais.

Neste capítulo, trataremos das atribuições do assessor jurídico, do analista judiciário e do técnico judiciário no que se refere à elaboração de peças e documentos. Além disso, abordaremos a participação desses profissionais nos atos processuais das diversas esferas do Poder Judiciário.

7.1 Peças jurídicas

Especificamente no que diz respeito à atividade de elaboração de peças jurídicas, tão frequente na função de assessoramento de juízes e desembargadores, é necessário que o servidor tenha formação jurídica; portanto, o técnico judiciário só poderá realizar o trabalho se tiver concluído o curso superior em Direito.

Cada gabinete estabelece uma formatação para as peças jurídicas a serem produzidas, sempre de acordo com a orientação e o entendimento do julgador, que, como mencionamos anteriormente, não tem condições de, sozinho, analisar todos os processos, despachar e decidir todas as ações em que atua.

O primeiro passo para formular uma peça jurídica é estudar profundamente o processo, para, com isso, entender o que querem as partes e avaliar a medida mais eficiente a ser tomada.

Em resumo, as peças jurídicas assim se classificam: despachos, decisões interlocutórias e decisões terminativas (sentenças e votos).

Segundo o art. 203 do Código de Processo Civil (CPC) – Lei n. 13.105, de 16 de março de 2015 (Brasil, 2015),

> Art. 203. [...]
> § 1º Ressalvadas as disposições expressas dos procedimentos especiais, sentença é o pronunciamento por meio do qual o juiz, com fundamento nos arts. 485 e 487, põe fim à fase cognitiva do procedimento comum, bem como extingue a execução.
> § 2º Decisão interlocutória é todo pronunciamento judicial de natureza decisória que não se enquadre no § 1º.
> § 3º São despachos todos os demais pronunciamentos do juiz praticados no processo, de ofício ou a requerimento da parte. [...]

Os **despachos**, também chamados de *despachos de mero expediente*, não têm conteúdo decisório e, portanto, não provocam prejuízos para as partes. Sua finalidade é impulsionar o processo e impedir eventuais vícios ou irregularidades. Outra característica do despacho é sua irrecorribilidade: não cabe recurso contra esse ato, conforme prevê expressamente o art. 1.001 do CPC.

As **decisões interlocutórias** resolvem questões que surgem durante o processo. Elas podem ser formuladas, por exemplo, quando uma das partes requer a nomeação de um perito ou a marcação de audiência para a produção de provas. Cabe, então, ao juiz avaliar se o perito deve ser nomeado ou se a audiência é mesmo necessária e se as solicitações são compatíveis com o processo ou com a fase em que ele se encontra. Essas decisões podem ocorrer em várias outras hipóteses, por exemplo, em ações penais em que o juiz delibera sobre a quebra de sigilo telefônico ou fiscal, determina busca e apreensão etc.

Por sua vez, as **decisões terminativas** representam a sentença e o voto de acórdão, isto é, põem fim ao processo, seja no primeiro grau (sentença), seja no segundo grau de jurisdição (acórdão).

Ainda que o despacho de mero expediente possa parecer de menor importância se comparado aos demais atos do processo, o assessor jurídico,

O primeiro passo para formular uma peça jurídica é estudar profundamente o processo, para, com isso, entender o que querem as partes e avaliar a medida mais eficiente a ser tomada.

o analista judiciário e o técnico judiciário devem ter cautela ao elaborar a peça. É preciso verificar se a medida realmente se mostra adequada para, então, submetê-la à aprovação do julgador e efetivar a movimentação processual.

É necessário destacar, neste ponto, que, nos sistemas de movimentação processual, no Estado do Paraná, por exemplo, a Justiça Estadual utiliza atualmente o Projudi (Processo Eletrônico do Judiciário do Paraná), e esse despacho ocorre em processo eletrônico.

A decisão interlocutória é mais complexa e, consequentemente, exige mais conhecimento jurídico e experiência do servidor para a elaboração da peça jurídica. Por se tratar de uma decisão judicial, conforme determina o art. 93, inciso IX, da Constituição Federal de 1988 (Brasil, 1988), o pedido da parte e os motivos que levaram o julgador a decidir pela procedência ou improcedência do pedido devem ser fundamentados e, por isso, conter uma breve exposição dos fatos.

Na esfera civil, existem decisões interlocutórias extremamente importantes para a resolução da ação, por exemplo, quando relacionadas à produção de provas sobre os fatos alegados pelas partes.

Existem também pedidos liminares de antecipação de tutela, que, explicando de maneira simplificada, são efeitos a que a parte teria direito somente ao final da ação, mas que, por motivos de necessidade e urgência, postula ao juiz que sejam antecipadas.

Na esfera criminal, também se constituem em decisões interlocutórias a decretação da prisão preventiva ou da liberdade provisória do réu, a produção de provas, a rejeição da denúncia, entre outras, que ocorrem no transcorrer da ação penal.

Na esfera civil, as decisões interlocutórias são atacadas por meio de recurso de agravo (art. 1.015 do CPC). Na esfera criminal, isso acontece mediante a interposição de recurso em sentido estrito – art. 581 do Código de Processo Penal (CPP) – Decreto-Lei n. 3.689, de 3 de outubro de 1941 (Brasil, 1941).

A **sentença civil**, segundo determina o art. 489 do CPC, deve apresentar:

> Art. 489. [...]
> I – o relatório, que conterá os nomes das partes, a identificação do caso, com a suma do pedido e da contestação, e o registro das principais ocorrências havidas no andamento do processo;

> II – os fundamentos, em que o juiz analisará as questões de fato e de direito;
> III – o dispositivo, em que o juiz resolverá as questões principais que as partes lhe submeterem. [...] (Brasil, 2015)

Além disso, os acórdãos também devem ser proferidos com observância do disposto no artigo supracitado, isto é, contendo os mesmos requisitos: o relatório, a fundamentação e a parte dispositiva. Tal regra aplica-se igualmente aos acórdãos criminais, em razão da analogia permitida com o processo civil, prevista no art. 3º do CPP.

A **sentença criminal**, de acordo com o art. 381 do CPP, deve conter:

> Art. 381. [...]
> I – os nomes das partes ou, quando não possível, as indicações necessárias para identificá-las;
> II – a exposição sucinta da acusação e da defesa;
> III – a indicação dos motivos de fato e de direito em que se fundar a decisão;
> IV – a indicação dos artigos de lei aplicados;
> V – o dispositivo;
> VI – a data e a assinatura do juiz. (Brasil, 1941)

Com relação ao **acórdão**, que é o julgado em segundo grau, a única diferença é o acréscimo da ementa, que deve fazer parte da peça jurídica. O art. 943, parágrafo 1º, do CPC é taxativo ao prever que "Todo acórdão conterá ementa" (Brasil, 2015).

A **ementa** representa, sinteticamente, o resumo do que foi decidido no acórdão, de modo a facilitar a consulta aos posicionamentos das turmas e câmaras. Como verificamos anteriormente, na pesquisa de jurisprudência, a **ementa do julgado** é, na maior parte dos casos, citada para embasar um posicionamento. Nada impede, contudo, que se cite o teor do acórdão, ou parte dele, para fundamentar uma decisão.

A elaboração de ementas jurídicas dos acórdãos varia muito conforme o relator, ou seja, o magistrado é quem elabora o voto considerado vencedor, seja por unanimidade, seja por maioria.

Não existem regras específicas que determinam como devem ser elaboradas as ementas, apenas o consenso de que elas devem ser gerais, tratando somente de regras de direito, isto é, sem mencionar o caso concreto. Tal fato ocorre em razão de a ementa ser um resumo do acórdão, que, por se constituir em uma decisão colegiada, decidida por no mínimo três julgadores, deve ter aplicação em outras situações semelhantes.

> *Não existem regras específicas que determinam como devem ser elaboradas as ementas, apenas o consenso de que elas devem ser gerais, tratando somente de regras de direito, isto é, sem mencionar o caso concreto.*

Em outras palavras, em virtude de a ementa constituir uma decisão que, na verdade, faz lei entre as partes, sua enunciação poderá ser aplicada a casos futuros e idênticos. Ou seja, ela deve ser formulada como se fosse um artigo de lei.

Normalmente as ementas são elaboradas com as palavras em letra maiúscula, ou caixa-alta, separadas por pontos ou traços, contendo as expressões que compõem o julgado.

Em geral, as ementas devem conter:

» o tipo de recurso ou ação de que tratam (recurso de apelação, mandado de segurança, ação revisional, *habeas corpus* etc.);

» o assunto de que tratam (ação rescisória, indenização, condenação por crime de tráfico etc.);

» o pedido do recorrente ou autor (constrangimento ilegal, reparação de danos, absolvição, redução da pena etc.);

» a fundamentação jurídica;
» a conclusão do julgado (recurso provido, procedência do pedido, ordem concedida etc.).

Existem ainda as chamadas *subementas*, que são parágrafos utilizados logo abaixo das ementas, com a explicação dos assuntos abordados no julgado. Nas subementas, podem ser utilizadas citações de doutrina e jurisprudência para explicar a conclusão do julgado.

Na seção reservada aos anexos, ao final do livro, apresentamos exemplos de despachos de mero expediente, decisões interlocutórias e decisões terminativas (sentença e acórdão), a fim de ilustrar melhor o tema e facilitar a compreensão dos conteúdos abordados.

7.2 Documentos oficiais

Entre as atribuições dos profissionais aqui considerados está a redação de documentos oficiais.

Com a modernização dos sistemas de integração, cada vez mais as comunicações oficiais estão sendo realizadas de forma digital, com o intuito de agilizar a comunicação e aperfeiçoar a prestação jurisdicional.

O Tribunal de Justiça do Paraná (TJPR), por exemplo, conta com o **Sistema Mensageiro**, por meio do qual se dá a comunicação interna entre servidores e magistrados. Há também o **Sistema Hércules**, que possibilita o trânsito de diversos requerimentos e pedidos de benefícios (férias, licenças etc.), dispensando a impressão dos documentos e sua protocolização e processamento.

A redação das comunicações oficiais deve, antes de tudo, seguir os preceitos explicitados pelo órgão do Poder Judiciário em que o servidor atua. Alguns aspectos, no entanto, são comuns a quase todas as modalidades de comunicação oficial: o emprego dos pronomes de tratamento, a forma de redação e a identificação do signatário (que não trataremos mais longamente, por ser apenas a identificação da autoridade que exara o documento).

O uso dos **pronomes de tratamento** deve variar de acordo com o destinatário: no âmbito do Poder Judiciário, deve-se utilizar *Senhor Juiz, Senhor Desembargador* ou *Senhor Ministro*, com exceção feita aos chefes de poder, que devem receber o tratamento de *Excelentíssimo Senhor*, como em "Excelentíssimo Senhor Presidente do Supremo Tribunal Federal".

Quanto à **redação**, ou seja, a forma como devem ser escritos, os documentos oficiais devem caracterizar-se por impessoalidade, uso do padrão culto de linguagem, clareza, concisão, formalidade e uniformidade, atributos decorrentes dos princípios que regem a Administração Pública, previstos no art. 37 da Constituição Federal.

"Um ato normativo, seja ele de qualquer natureza, não pode ser redigido de forma obscura e que dificulte ou impossibilite a compreensão" (Brasil, 2002). A clareza do sentido e a coerência são requisitos essenciais, pois é inaceitável que um texto legal não seja entendido por seu destinatário.

Conforme o *Manual de redação da Presidência da República* (Brasil, 2002): "Esses mesmos princípios (impessoalidade, clareza, uniformidade, concisão e uso da linguagem formal) aplicam-se às comunicações oficiais: elas devem sempre permitir uma única interpretação e ser estritamente impessoais e uniformes, o que exige o uso de certo nível de linguagem".

Na redação de documentos oficiais, é importante primar pela clareza, concisão, objetividade, coesão, harmonia e outras qualidades textuais. No entanto, "ao considerar nosso ritmo contemporâneo, clareza e concisão são ainda mais imprescindíveis que os outros. Por isso, essas duas qualidades de texto merecem destaque" (São Paulo, 2008, p. 10).

A **clareza** textual "é a qualidade do que é inteligível e não gera dúvidas e incertezas quanto à ideia que se deseja exprimir. Essa característica é de fundamental importância na elaboração dos atos administrativos, que não podem deixar margem a diferentes interpretações" (São Paulo, 2008, p. 10). Ou seja, quanto mais clara for uma mensagem, menor será a possibilidade de entendimentos errôneos.

Algumas práticas auxiliam na busca pela clareza do texto. São elas (São Paulo, 2008):

» evitar a ambiguidade e as palavras de duplo sentido;
» utilizar frases curtas, já que a informação principal do texto pode se tornar confusa em períodos muito longos;
» evitar o uso de jargões técnicos ou palavras rebuscadas;
» certificar-se do significado correto das palavras utilizadas.

Um texto conciso é aquele que consegue informar da melhor maneira possível no menor espaço, ou seja, contendo apenas os elementos importantes à compreensão da mensagem sem desviar-se do assunto. Apresentando a característica da **concisão**, o texto consequentemente contribui para a eficiência e a celeridade da comunicação, princípios a serem seguidos em todos os atos da Administração Pública.

Nos Anexos, apresentamos exemplos de alguns dos vários documentos oficiais a serem elaborados por servidores do Poder Judiciário (certidão, ofício, requerimento e portaria).

7.3 Participação em atos processuais

Os **atos processuais** são atos praticados por quaisquer dos envolvidos na relação jurídica processual, ou seja, as partes, o juiz e os auxiliares da justiça, e que provocam consequências jurídicas ao processo. Esses atos levam o processo a uma decisão final.

Para Humberto Theodoro Júnior (2014, p. 386): "O processo apresenta-se, no mundo do direito, como uma relação jurídica que se estabelece entre as partes e o juiz e se desenvolve, através de sucessivos atos, de seus sujeitos, até o provimento final destinado a dar solução ao litígio."

Já de acordo com José Miguel Garcia Medina (2011, p. 173):

> *O procedimento manifesta-se através de uma série de atos, realizados de modo concatenado e orientados por um fim. O processo é instaurado, se desenvolve e chega ao seu resultado, que, sempre que possível (já que há situações em que o processo acaba chegando a um fim "anormal", em que o juiz extingue o processo sem a resolução do mérito, art. 267), deve corresponder à entrega da tutela jurisdicional adequada ao direito material levado ao processo pelas partes (= pedido).*

O CPC especifica que os atos processuais podem ser realizados pelas partes, pelo juiz e por auxiliares da justiça, no caso, o escrivão ou o chefe da secretaria, o perito judicial, o contador e o oficial de justiça. Os arts. 206 a 211 dessa lei tratam dos atos do escrivão ou do chefe da secretaria:

> Art. 206. Ao receber a petição inicial de processo, o escrivão ou o chefe de secretaria a autuará, mencionando o juízo, a natureza do processo, o número de seu registro, os nomes das partes e a data de seu início, e procederá do mesmo modo em relação aos volumes em formação.
> Art. 207. O escrivão ou o chefe de secretaria numerará e rubricará todas as folhas dos autos.

> Parágrafo único. À parte, ao procurador, ao membro do Ministério Público, ao defensor público e aos auxiliares da justiça é facultado rubricar as folhas correspondentes aos atos em que intervierem.
> Art. 208. Os termos de juntada, vista, conclusão e outros semelhantes constarão de notas datadas e rubricadas pelo escrivão ou pelo chefe de secretaria.
> Art. 209. Os atos e os termos do processo serão assinados pelas pessoas que neles intervierem, todavia, quando essas não puderem ou não quiserem firmá-los, o escrivão ou o chefe de secretaria certificará a ocorrência.
> § 1º Quando se tratar de processo total ou parcialmente documentado em autos eletrônicos, os atos processuais praticados na presença do juiz poderão ser produzidos e armazenados de modo integralmente digital em arquivo eletrônico inviolável, na forma da lei, mediante registro em termo, que será assinado digitalmente pelo juiz e pelo escrivão ou chefe de secretaria, bem como pelos advogados das partes.
> § 2º Na hipótese do § 1º, eventuais contradições na transcrição deverão ser suscitadas oralmente no momento de realização do ato, sob pena de preclusão, devendo o juiz decidir de plano e ordenar o registro, no termo, da alegação e da decisão.
> Art. 210. É lícito o uso da taquigrafia, da estenotipia ou de outro método idôneo em qualquer juízo ou tribunal.
> Art. 211. Não se admitem nos atos e termos processuais espaços em branco, salvo os que forem inutilizados, assim como entrelinhas, emendas ou rasuras, exceto quando expressamente ressalvadas. (Brasil, 2015)

Para nossa análise, interessam os **atos dos auxiliares da justiça,** justamente porque eles podem ser praticados por servidores do Poder Judiciário e são assim definidos:

> São aqueles realizados pelo escrivão ou por serventuários da justiça e destinados à documentação do processo. São realizados pelo Cartório (Justiça Estadual) ou Secretaria (esta, na Justiça Federal): **mandados** (citação, intimação, prisão, alvarás, carta precatória, carta de ordem, carta rogatória, carta de arrematação etc.).
>
> (Paraná, 2017, grifo nosso)

Os **termos processuais**, por sua vez,

> são aqueles atos realizados pelo escrivão ou por serventuários da justiça e destinados à documentação do processo: termo de autuação, de juntada, de remessa, de apensamento, de desentranhamento, de vista, de conclusão, de recebimento, de compromisso (fiel depositário, curador), de audiência (se documenta o ocorrido na audiência), de interrogatório (interrogatório do réu).
>
> (Paraná, 2017)

Especificamente sobre os atos processuais realizados nas escrivanias e nas secretarias, nas quais atuam analistas e técnicos judiciários, existe uma divisão de tarefas, cabendo destacar: atos de documentação, atos de comunicação e atos de logística.

Os **atos de documentação** são "os que se destinam a representar em escritos as declarações de vontade das partes, dos membros do órgão jurisdicional e terceiros que acaso participem de algum evento no curso do processo" (Theodoro Júnior, 2014, p. 881). A forma de representação pode variar conforme o ato, podendo ser datilografia sobre papel, digitação em computador, gravação em audiência de um depoimento ou, mesmo, outros suportes.

De todo modo, destaca-se, entre os atos de documentação, a **autuação**, que representa, simbolicamente, o surgimento do processo.

Nesse caso, o processo inicia-se com a provocação do autor por meio da petição inicial, que, depois de despachada pelo juiz, é encaminhada ao escrivão, o qual efetuará o primeiro ato de documentação do processo: a autuação.

A autuação consiste basicamente em colocar uma capa sobre a petição, na qual será lavrado um termo que deve conter o juízo, a natureza do feito, o número de seu registro nos assentos do cartório, os nomes das partes e a data de início do processo.

A partir da autuação, surge um volume ao qual se vão acrescentando todas as petições e os documentos relacionados com a causa. Sempre que o volume inicial se tornar muito grande, outros serão abertos, com novas autuações. Compete ao escrivão numerar e rubricar todas as folhas dos autos principais e suplementares, conforme determina o art. 207 do CPC, citado anteriormente.

O escrivão também é responsável pelos **atos processuais de comunicação**, cujo objetivo é que "os sujeitos do processo tomem conhecimento dos atos ocorridos no correr do procedimento" (Theodoro Júnior, 2014, p. 882). Tais atos processuais são, portanto, indispensáveis para que os sujeitos do processo possam exercer seus direitos e articular seu modo de agir no desenrolar da ação. Os mais frequentes atos de comunicação no processo são a **citação** e a **intimação**.

Existem **atos simples de comunicação**, como a intimação pessoal do advogado feita por um só ato do escrivão nos próprios autos, e **atos complexos de comunicação**, por exemplo, "as citações e intimações feitas através de mandado, que se compõe de uma sucessão de solenidades iniciada com a expedição do mandado, seguida da leitura ao destinatário, da entrega da contrafé, da certidão da diligência e concluída com a juntada do mandado cumprido aos autos pelo escrivão" (Theodoro Júnior, 2014, p. 883).

Assim, o escrivão, ao documentar todos os atos, "faz com que o procedimento tenha andamento, certificando os atos praticados, verificando o vencimento dos prazos, abrindo vista às partes, cobrando os autos indevidamente retidos fora do cartório e fazendo conclusão deles ao juiz para os despachos de expediente ou decisões" (Theodoro Júnior, 2014, p. 883).

Os termos mais comuns redigidos pelo escrivão no curso dos processos são os de juntada, vista, conclusão e recebimento, "que se apresentam como notas datadas e rubricadas pelo referido serventuário" (Theodoro Júnior, 2014, p. 885).

> *Por ter fé pública reconhecida por lei ao ofício do escrivão e chefe de secretaria, toda documentação realizada por estes está coberta pela presunção de veracidade, isto é, presume-se verdadeira até que seja comprovado o contrário.*

Juntada *é o ato com que o escrivão certifica o ingresso de uma petição ou de um documento nos autos.*

Vista *é o ato de franquear o escrivão os autos à parte para que o advogado se manifeste sobre algum evento processual.*

Conclusão *é o ato que certifica o encaminhamento dos autos ao juiz, para alguma deliberação.*

Recebimento *é o ato que documenta o momento em que os autos voltaram a cartório após uma vista ou conclusão.* (Colombo, 2010, grifo nosso)

Por ter fé pública reconhecida por lei ao ofício do escrivão e do chefe de secretaria, toda documentação realizada por esses servidores está coberta pela presunção de veracidade, isto é, presume-se verdadeira até que seja comprovado o contrário.

Por fim, devemos mencionar os **atos de logística**, que são atos de assessoria ao juiz, como "o recebimento e depósito de valores entregues pelas partes; a presença em audiência lavrando os termos respectivos; a guarda de objetos que interessam ao processo", assim como "as certidões que o escrivão lança nos autos dos fatos ocorridos em sua presença". (Vieira, 2016, p. 247-248)

Apesar de se referirem ao escrivão, os atos aqui citados podem ser realizados por todos os integrantes da escrivania que estiverem sob a chefia do escrivão ou do secretário.

Cabe ressaltar que se tornou possível, também, a utilização ampla do processo eletrônico, com o registro dos atos processuais de forma integralmente digital em arquivo eletrônico inviolável.

Síntese

Neste capítulo, abordamos a elaboração de peças jurídicas e documentos oficiais, atividades que representam a maior parte do trabalho desenvolvido por assessores jurídicos, analistas judiciários e técnicos judiciários, principalmente no assessoramento de gabinetes.

Na análise das peças jurídicas, explicitamos a diferenciação entre despachos de mero expediente, decisões interlocutórias e decisões terminativas, apresentando, inclusive, a fundamentação legal dessa distinção.

Ainda com relação às peças jurídicas, destacamos que, em razão do comando constitucional do art. 93, inciso IX, da Constituição Federal, todas as decisões judiciais devem ser fundamentadas e, por isso, há necessidade de zelo e empenho em sua elaboração.

Quanto aos documentos oficiais, descrevemos, de maneira geral, suas características básicas e alguns de seus requisitos, enfatizando a necessidade de clareza e concisão em sua redação.

Tratamos, ainda, da participação dos assessores jurídicos, dos analistas judiciários e dos técnicos judiciários nos atos processuais, explicando alguns desses atos e a forma de atuação dos servidores em sua realização.

Questões para revisão

1) Descreva as diferentes peças jurídicas que podem ser elaboradas por assessores jurídicos, analistas judiciários e técnicos judiciários.

2) Os despachos de mero expediente requerem fundamentação? Explique.

3) Segundo determina o art. 489 do Código de Processo Civil – Lei n. 13.105/2015, a sentença civil deve apresentar o relatório, que **não** conterá:
   a. os nomes das partes.
   b. a suma do pedido e da resposta do réu.
   c. o registro das principais ocorrências havidas no andamento de outros processos relativos às partes.
   d. os fundamentos em que o juiz analisará as questões de fato e de direito e o dispositivo em que o juiz resolverá as questões que as partes lhe submeterem.

4) A redação de comunicações oficiais deve seguir os preceitos explicitados em cada órgão do Poder Judiciário. Quais são os aspectos comuns a quase todas as modalidades de comunicação oficial?

a. Emprego dos pronomes de tratamento, forma de redação e identificação do signatário.
b. Uso de papel timbrado, numeração oficial e abreviatura do tipo de comunicação.
c. Identificação do destinatário, numeração oficial e data do prazo de resposta da comunicação oficial.
d. Forma de redação, uso de linguagem informal e formatação padronizada.

5) Os atos processuais são:
a. atos das partes.
b. atos do juiz.
c. atos dos auxiliares da justiça.
d. atos das partes, do juiz e dos auxiliares da justiça.

Questões para reflexão

1) Os documentos oficiais servem para a comunicação e a integração entre a Administração Pública e a sociedade. Descreva, resumidamente, de que forma eles devem ser elaborados, explicando a razão dos critérios estipulados.

2) Entre os atos processuais há aqueles que podem ser praticados por servidores do Poder Judiciário. Quais são esses atos? Descreva-os e reflita sobre o motivo pelo qual podem ser realizados por servidores.

Consultando a legislação

Para aprofundar seus conhecimentos acerca dos temas tratados neste capítulo, consulto os documentos indicados a seguir.

BRASIL. Constituição (1988). **Diário Oficial da União**, Brasília, DF, 5 out. 1988. Disponível em: <http://www.planalto.gov.br/ccivil_03/constituicao/ConstituicaoCompilado.htm>. Acesso em: 6 set. 2017.

BRASIL. Decreto-Lei n. 3.689, de 3 de outubro de 1941. **Diário Oficial da União**, Poder Executivo, Brasília, DF, 13 out. 1941. Disponível em: <http://www.planalto.gov.br/ccivil_03/decreto-lei/Del3689.htm>. Acesso em: 6 set. 2017.

_____. Lei n. 5.869, de 11 de janeiro de 1973. **Diário Oficial da União**, Poder Executivo, Brasília, DF, 17 jan. 1973. Disponível em: <http://www.planalto.gov.br/ccivil_03/leis/L5869.htm>. Acesso em: 6 set. 2017.

_____. Lei n. 11.419, de 19 de dezembro de 2006. **Diário Oficial da União**, Poder Legislativo, Brasília, DF, 20 dez. 2006. Disponível em: <http://www.planalto.gov.br/ccivil_03/_ato2004-2006/2006/lei/l11419.htm>. Acesso em: 6 set. 2017.

_____. Lei n. 13.105, de 16 de março de 2015. **Diário Oficial da União**, Poder Legislativo, Brasília, DF, 17 mar. 2015. Disponível em: <http://www.planalto.gov.br/ccivil_03/_Ato2015-2018/2015/Lei/L13105.htm>. Acesso em: 6 set. 2017.

VIII

Responsabilidades e penalidades cabíveis ao servidor público

Conteúdos do capítulo:

» Responsabilidades e penalidades cabíveis ao servidor público.
» Processo administrativo disciplinar.

Neste último capítulo, abordaremos as responsabilidades e as penalidades cabíveis ao assessor jurídico, ao analista judiciário e ao técnico judiciário.

O embasamento legal para a apuração das responsabilidades e a aplicação das penalidades aos servidores públicos está previsto na Lei Federal n. 8.112, de 11 de dezembro de 1990 (Brasil, 1991), que dispõe sobre o regime jurídico dos servidores públicos civis da União, das autarquias e das fundações públicas federais.

Na esfera estadual, no Judiciário do Paraná, por exemplo, há a Lei Estadual n. 16.024, de 19 de dezembro de 2008 (Paraná, 2008c), que estabelece o regime jurídico dos funcionários do Poder Judiciário do estado.

No Estado de São Paulo, existe a Lei n. 10.261, de 28 de outubro de 1968 (São Paulo, 1968), chamada de *Estatuto dos Funcionários*

Públicos Civis do Estado de São Paulo, e também, especificamente relacionado aos servidores do Judiciário, o Regulamento Interno dos Servidores do Tribunal de Justiça do Estado de São Paulo (São Paulo, 1995).

No Estado de Goiás, há a Lei 10.460, de 22 de fevereiro de 1988 (Goiás, 1988), denominada *Estatuto dos Funcionários Públicos Civis do Estado de Goiás e de suas Autarquias*, bem como a Lei n. 17.663, de 14 de junho de 2012 (Goiás, 2012), que dispõe sobre a reestruturação da carreira dos servidores do Poder Judiciário do Estado de Goiás e dá outras providências.

8.1 Responsabilidades

Conforme disposto no art. 121 da Lei n. 8.112/1990, citada anteriormente: "O servidor responde civil, penal e administrativamente pelo exercício irregular de suas atribuições". O art. 122 da mesma lei esclarece que: "A responsabilidade civil decorre de ato omissivo ou comissivo, doloso ou culposo, que resulte em prejuízo ao erário ou a terceiros" (Brasil, 1991).

Isso significa que o servidor público responderá nas três esferas – administrativa, civil e penal – se houver irregularidades no exercício de suas funções. Essas irregularidades podem ser efetivadas por uma ação ou omissão do profissional, de forma intencional ou culposa (negligência, imprudência ou imperícia), que ocasione prejuízo à Administração Pública ou a qualquer cidadão.

Desse modo, os desvios de conduta podem resultar em sanções administrativas, pagamento de indenização por parte do servidor e, sendo considerada típica sua conduta, isto é, se ela for considerada crime, o agente responderá penalmente.

Nesse sentido, é importante salientar que a responsabilidade civil é de ordem patrimonial e decorre da regra do Código Civil, segundo o qual todo aquele que causa dano a alguém é obrigado a repará-lo. Como, nesse caso, o dano causado é ao Estado, conforme Maria Sylvia Zanella Di Pietro (2007, p. 567),

> *sua responsabilidade é apurada pela própria administração, por meio de processo administrativo cercado de todas as garantias constitucionais de defesa do servidor [...]. As leis estatutárias em geral estabelecem procedimentos autoexecutórios (não dependentes de autorização judicial), pelos quais a administração desconta dos vencimentos do servidor a importância necessária ao ressarcimento dos prejuízos, respeitado o limite mensal fixado em lei [...]. Quando o servidor é contratado pela legislação trabalhista, o art. 462, § 1º, da CLT só permite o desconto com a concordância do empregado ou em caso de dolo.*

Ainda de acordo com a autora, quando o crime resulta em "prejuízo para a Fazenda Pública ou enriquecimento ilícito do servidor, ele ficará sujeito a sequestro e perdimento de bens, porém com intervenção do Poder Judiciário" (Di Pietro, 2007, p. 567).

> *"O servidor responde civil, penal e administrativamente pelo exercício irregular de suas atribuições" (Brasil, 1991).*

Em caso de dano contra terceiros, segundo o art. 37, parágrafo 6º, da Constituição Federal, o Estado deve responder "pelos danos que seus agentes, nessa qualidade, causarem a terceiros, assegurado o direito de regresso contra o responsável nos casos de dolo ou culpa" (Brasil, 1988).

De todo modo, o servidor pode ser responsabilizado penalmente sempre que praticar crime ou contravenção no exercício de suas funções, cabendo a apuração dessa responsabilidade única e exclusivamente ao Poder Judiciário.

A infração a normas internas, leis, decretos ou qualquer outro provimento regulamentar e a ordens administrativas caracteriza o ilícito administrativo, que apresenta os mesmos elementos básicos do ilícito civil: ação ou omissão, desde que se tenha agido com dolo ou culpa.

É importante notar que é a própria Administração Pública que apura tais infrações, sendo necessário instaurar procedimento adequado para esse fim, o chamado *processo administrativo disciplinar*. O art. 5º, inciso LV, da Constituição de 1988 garante ao servidor o contraditório e a ampla defesa no transcorrer desse procedimento.

> *O servidor pode ser responsabilizado penalmente sempre que praticar crime ou contravenção no exercício de suas funções, cabendo a apuração dessa responsabilidade única e exclusivamente ao Poder Judiciário.*

Segundo Di Pietro (2007), a maioria das infrações administrativas não é definida com precisão pela lei, que se refere, por exemplo, a descumprimento dos deveres, insubordinação grave, falta de exação, procedimento irregular ou incontinência pública. As infrações definidas em lei são minoria, como nos casos de **abandono de cargo** ou **atos ilícitos**, que correspondem a crimes e contravenções.

Em razão dessa abstração na definição das infrações, a Administração Pública dispõe de discricionariedade no enquadramento dos ilícitos. Portanto, como forma de proteger o servidor e evitar injustiças e punições arbitrárias, exige-se que a Administração fundamente a penalidade imposta e demonstre adequação entre a infração e a pena aplicada.

Em caso de **dano causado a terceiros**, como citamos anteriormente, o servidor responde perante a Fazenda Pública, em ação regressiva, pois a Administração indeniza o cidadão prejudicado e cobra do servidor o ressarcimento aos cofres públicos. Mesmo em caso de morte do funcionário público, a obrigação de reparar o dano estende-se aos sucessores e é executada até o limite do valor da herança recebida.

Nessas circunstâncias, as normas legais preveem que as sanções civis, penais e administrativas podem se acumular, sendo independentes entre si. Por conseguinte, é possível a apuração de um mesmo fato nas três esferas, o que é feito de forma autônoma e pode resultar na acumulação de responsabilidades.

> *Como forma de proteger o servidor e evitar injustiças e punições arbitrárias, exige-se que a Administração fundamente a penalidade imposta e demonstre adequação entre a infração e a pena aplicada.*

Somente nos casos de **absolvição criminal** em que se negue a existência do fato ou sua autoria, a responsabilidade administrativa do servidor é também afastada. Isso acontece porque, se a esfera criminal apurar que o fato em si (a irregularidade) não ocorreu ou que o servidor não foi o autor, não caberá qualquer punição administrativa.

Sobre as **responsabilidades**, há ainda um caso a ser considerado. É possível existir uma situação na qual o servidor público tenha conhecimento de uma irregularidade praticada por seu colega. A Lei n. 12.527, de 18 de novembro de 2011 (Brasil, 2011), já incluiu esse caso na Lei Federal n. 8.112/1990, na forma do art. 126-A:

> Art. 126-A. Nenhum servidor poderá ser responsabilizado civil, penal ou administrativamente por dar ciência à autoridade superior ou, quando houver suspeita de envolvimento desta, a outra autoridade competente para apuração de informação concernente à prática de crimes ou improbidade de que tenha conhecimento, ainda que em decorrência do exercício de cargo, emprego ou função pública. (Brasil, 1991)

Com efeito, o mencionado dispositivo legal buscou isentar de qualquer responsabilidade o servidor que comunicar à Administração Pública a suspeita de envolvimento de um colega ou até de seu superior hierárquico em crimes ou improbidade, certamente como forma de facilitar a apuração de desvios praticados.

8.2 Penalidades

No âmbito federal, o art. 127 da Lei n. 8.112/1990 prevê as penalidades disciplinares a que o servidor público está sujeito. São elas:

> Art. 127. [...]
> I – advertência;
> II – suspensão;
> III – demissão;
> IV – cassação de aposentadoria ou disponibilidade;
> V – destituição de cargo em comissão;
> VI – destituição de função comissionada. (Brasil, 1991)

No âmbito estadual, no Estado do Paraná, o art. 193 da Lei n. 16.024/2008 prevê aos servidores do judiciário as penalidades de:

> Art. 193. [...]
> I – advertência;
> II – suspensão;
> III – demissão;
> IV – cassação de aposentadoria ou disponibilidade;
> V – destituição de cargo em comissão. [...] (Paraná, 2008c)

A normas citadas estipulam também que, na aplicação das penalidades, devem ser consideradas a natureza e a gravidade da infração cometida, os danos que dela provierem para o serviço público, as circunstâncias agravantes ou atenuantes e os antecedentes funcionais.

Desse modo, como anteriormente mencionado, a legislação prevê expressamente certa discricionariedade na avaliação das penalidades, pois, ao estabelecer as variáveis que devem ser consideradas, permite o exame do caso concreto para aplicação das sanções.

A **advertência** é aplicada nos casos de violação de certas proibições previstas ao servidor público, isto é, comportamentos que a Administração Pública veda expressamente.

Na esfera federal, as proibições que podem ocasionar advertência constam no art. 117 da Lei n. 8.112/1990:

> *Na aplicação das penalidades, devem ser consideradas a natureza e a gravidade da infração cometida, os danos que dela provierem para o serviço público, as circunstâncias agravantes ou atenuantes e os antecedentes funcionais.*

> Art. 117. [...]
> I – ausentar-se do serviço durante o expediente, sem prévia autorização do chefe imediato;
> II – retirar, sem prévia anuência da autoridade competente, qualquer documento ou objeto da repartição;
> III – recusar fé a documentos públicos;
> IV – opor resistência injustificada ao andamento de documento e processo ou execução de serviço;
> V – promover manifestação de apreço ou desapreço no recinto da repartição;
> VI – cometer a pessoa estranha à repartição, fora dos casos previstos em lei, o desempenho de atribuição que seja de sua responsabilidade ou de seu subordinado;
> VII – coagir ou aliciar subordinados no sentido de filiarem-se a associação profissional ou sindical, ou a partido político;
> VIII – manter sob sua chefia imediata, em cargo ou função de confiança, cônjuge, companheiro ou parente até o segundo grau civil;
> XIX – recusar-se a atualizar seus dados cadastrais quando solicitado. [...] (Brasil, 1991)

No Estado do Paraná, por exemplo, as proibições que, se violadas, são passíveis de advertência são as mesmas previstas na citada lei federal. Tais casos constam no art. 157 da Lei n. 16.024/2008, acrescidos da seguinte proibição:

> XXII – tratar de assuntos particulares na repartição durante o horário de expediente; [...] (Paraná, 2008c)

Além das proibições expressas, tanto para os servidores federais quanto para os estaduais, é passível de advertência a inobservância de dever funcional previsto em lei, regulamentação ou norma interna que não justifique imposição de penalidade mais grave.

A penalidade de **suspensão**, por sua vez, é aplicada em caso de reincidência das faltas punidas com advertência e de violação das demais proibições que não tipificam infração sujeita à penalidade de demissão, não podendo exceder 90 dias.

Além disso, quando conveniente para o serviço, a penalidade de suspensão pode ser convertida em multa, na base de 50% por dia de vencimento ou remuneração, ficando o servidor obrigado a permanecer em serviço.

Há também os casos que geram **demissão**. Segundo o art. 132 da Lei n. 8.112/1990, essa penalidade deve ser aplicada aos servidores da União nos casos de:

> Art. 132. [...]
> I – crime contra a administração pública;
> II – abandono de cargo;
> III – inassiduidade habitual;
> IV – improbidade administrativa;
> V – incontinência pública e conduta escandalosa na repartição;
> VI – insubordinação grave em serviço;
> VII – ofensa física, em serviço, a servidor ou a particular, salvo em legítima defesa própria ou de outrem;
> VIII – aplicação irregular de dinheiros públicos;
> IX – revelação de segredo do qual se apropriou em razão do cargo;
> X – lesão aos cofres públicos e dilapidação do patrimônio nacional;
> XI – corrupção;
> XII – acumulação ilegal de cargos, empregos ou funções públicas;
> XIII – transgressão dos incisos IX a XVI do art. 117.
> (Brasil, 1991)

O incisos citados são os seguintes:

> Art. 117. [...]
> [...]
> IX – valer-se do cargo para lograr proveito pessoal ou de outrem, em detrimento da dignidade da função pública;
> X – participar de gerência ou administração de sociedade privada, personificada ou não personificada, e exercer o comércio, exceto na qualidade de acionista, cotista ou comanditário;
> XI – atuar, como procurador ou intermediário, junto a repartições públicas, salvo quando se tratar de benefícios previdenciários ou assistenciais de parentes até o segundo grau, e de cônjuge ou companheiro;
> XII – receber propina, comissão, presente ou vantagem de qualquer espécie, em razão de suas atribuições;
> XIII – aceitar comissão, emprego ou pensão de estado estrangeiro;
> XIV – praticar usura sob qualquer de suas formas;
> XV – proceder de forma desidiosa;
> XVI – utilizar pessoal ou recursos materiais da repartição em serviços ou atividades particulares; [...] (Brasil, 1991)

No Estado do Paraná, nos termos do art. 199 da Lei n. 16.024/2008, aos servidores do Judiciário estadual caberá a demissão nos casos de (Paraná, 2008c):

> Art. 199. [...]
> I – crime contra a Administração Pública;
> II – abandono de cargo;
> III – falta ao serviço, sem justa causa, por 60 (sessenta) dias alternados no período de 12 (doze) meses;
> IV – improbidade administrativa;
> V – incontinência pública ou conduta escandalosa na repartição;

VI – reincidência em caso de insubordinação;
VII – ofensa física, em serviço, a funcionário ou a particular, salvo escusa legal;
VIII – aplicação irregular de dinheiro público;
IX – revelação de segredo que conheça em razão do cargo ou da função;
X – lesão aos cofres públicos e dilapidação do patrimônio do Estado;
XI – corrupção;
XII – acumulação ilegal de cargos, empregos ou funções públicas;
XIII – transgressão dos incisos IX a XV, XXIII e XXV do art. 157;
XIV – condenação por crime comum à pena privativa de liberdade superior a 04 (quatro) anos;
XV – reiterada desídia no cumprimento das atribuições do cargo ou da função. [...] (Paraná, 2008c)

Os incisos do art. 157 citados são os seguintes (Paraná, 2008c):

Art. 157. [...]
[...]
IX – valer-se do cargo para lograr proveito pessoal ou para outrem, em detrimento da dignidade da função pública;
X – participar de gerência ou administração de sociedade privada, personificada ou não personificada, salvo a participação em sociedade cooperativa constituída para prestar serviços a seus membros, e exercer o comércio, exceto na qualidade de acionista ou cotista;
XI – atuar como procurador ou intermediário junto a repartições públicas;
XII – receber propina, comissão, presente ou vantagem de qualquer para o desempenho de suas atribuições;
XIII – aceitar comissão, emprego ou pensão de estado estrangeiro;

> XIV – praticar usura sob qualquer de suas formas;
> XV – proceder de forma desidiosa;
> [...]
> XXIII – empregar materiais e bens do Poder Judiciário ou à disposição deste em serviço ou atividade estranha às funções públicas;
> [...]
> XXV – acumular cargos ou funções, observados os permissivos constitucionais e legais. (Paraná, 2008c)

Os casos de cassação da aposentadoria ou da disponibilidade do inativo ocorrem na hipótese de a pessoa ter praticado, na atividade, falta punível com a demissão.

A **destituição de cargo em comissão** exercido por não ocupante de cargo efetivo é aplicada nos casos de infração sujeita às penalidades de suspensão e de demissão. Além disso, no âmbito do Judiciário estadual, tal penalidade inabilita o servidor à nomeação para outro cargo em comissão e à participação em concurso público por cinco anos.

8.3 Processo administrativo disciplinar

Neste ponto de nossa abordagem, vamos tratar sucintamente do processo administrativo, especificamente no que se refere à aplicação das penalidades cabíveis ao assessor jurídico, ao analista judiciário e ao técnico judiciário.

O processo administrativo disciplinar é um instrumento pelo qual a Administração Pública exerce seu poder-dever para apurar as infrações funcionais e aplicar penalidades aos seus agentes públicos e àqueles que mantêm uma relação jurídica com a Administração.

De acordo com Hely Lopes Meirelles (2000, p. 567), o processo administrativo disciplinar "é o meio de apuração e punição de faltas graves dos servidores públicos e demais pessoas sujeitas ao regime funcional de determinados estabelecimentos da administração".

A finalidade do processo administrativo disciplinar não é apenas apurar a culpabilidade do servidor acusado de falta, mas também oferecer-lhe oportunidade de provar sua inocência, corolário do direito de ampla defesa, como sugere o art. 143 da Lei n. 8.112/1990.

> *O processo administrativo disciplinar é um instrumento pelo qual a Administração Pública exerce seu poder-dever para apurar as infrações funcionais e aplicar penalidades aos seus agentes públicos e àqueles que mantêm uma relação jurídica com a Administração.*

O art. 148 da mesma lei, por sua vez, aponta: "O processo disciplinar é o instrumento destinado a apurar responsabilidade de servidor por infração praticada no exercício de suas atribuições, ou que tenha relação com as atribuições do cargo em que se encontre investido" (Brasil, 1991). Nesse contexto, segundo o art. 143 da referida lei: "A autoridade que tiver ciência de irregularidade no serviço público é obrigada a promover sua apuração imediata, mediante sindicância ou processo administrativo disciplinar" (Brasil, 1991).

A sindicância é instaurada para apurar a ocorrência de fatos irregulares e apontar seus responsáveis, devendo ser realizada de modo célere, em rito sumário, e podendo resultar em:

> Art. 145. [...]
> I – arquivamento do processo, se a irregularidade apontada não for apurada;
> II – aplicação de penalidade de advertência ou suspensão de até 30 (trinta) dias;
> III – instauração de processo disciplinar. [...] (Brasil, 1991)

A autoridade que determina a abertura da sindicância é responsável por seu julgamento. Ao proferir a decisão, a autoridade deve, no despacho, estabelecer as medidas a serem tomadas. Caso decida pela aplicação de penalidade, o ato expedido deve ser publicado no *Diário Oficial da União*, e caberá pedido de reconsideração ou recurso na forma da lei.

Na hipótese de instauração de processo disciplinar, a autoridade competente deve emitir uma portaria com a designação de uma comissão para apuração da irregularidade apontada. Essa comissão deve ser composta por três membros, servidores efetivos do quadro do órgão ou entidade, que poderão ser dispensados das atribuições normais de seus cargos até a apresentação do relatório final.

"A autoridade que tiver ciência de irregularidade no serviço público é obrigada a promover sua apuração imediata, mediante sindicância ou processo administrativo disciplinar" (Brasil, 1991).

Nas situações em que tenha sido realizada a sindicância previamente ao processo administrativo disciplinar, seus autos devem ser encaminhados à comissão, somente na condição de peça informativa, que passará a fazer parte do processo instaurado.

Essa comissão, chamada de *comissão processante*, tem o prazo de 60 dias da instauração do processo para concluí-lo, com a possibilidade de única prorrogação de igual prazo.

Com a assinatura do termo de encerramento, os autos, eventualmente acompanhados de autos suplementares, devem ser encaminhados com um termo de remessa à autoridade que determinou a instauração do processo.

Em princípio, o julgamento do processo administrativo disciplinar cabe à autoridade que determinou sua instauração, e essa decisão deve ser proferida em 60 dias, a partir do recebimento do processo, com publicação obrigatória no *Diário Oficial*.

Nos casos em que o acusado foi afastado de suas funções durante o processo administrativo disciplinar, se o julgamento não ocorrer nesse prazo de 60 dias, deverá o servidor reassumir automaticamente o exercício de seu cargo.

No julgamento, a autoridade não fica vinculada a conclusões da comissão. A decisão final do processo pode, desde que se explicitem as razões para tal, isentar o servidor de responsabilidade, agravar ou abrandar a penalidade.

Posteriormente ao julgamento e à publicação do ato administrativo disciplinar, os autos serão encaminhados à unidade administrativa responsável, com o arquivamento também no prontuário do servidor.

Nas situações em que a infração disciplinar configure **crime previsto em lei**, a autoridade administrativa julgadora deve determinar a remessa dos autos suplementares do processo administrativo ao Ministério Público.

A **aposentadoria voluntária** ou a **exoneração** a pedido do servidor que responde ou tenha respondido a processo administrativo disciplinar somente poderá ocorrer com o cumprimento da penalidade imposta, nas hipóteses em que tenha sido aplicada.

É possível ainda a **revisão** do processo administrativo disciplinar, por meio de uma comissão revisora, desde que apontados, a qualquer tempo, fatos novos ou circunstâncias que permitam comprovar a inocência do punido ou a inadequação da penalidade aplicada. Essa revisão pode ocorrer de ofício ou a pedido do servidor.

De maneira semelhante ao ocorrido no processo disciplinar, para sua revisão também deve ser composta uma comissão, chamada de *comissão revisora*, que tem o prazo de 60 dias para concluir seus trabalhos, prorrogável por igual período.

Aplicando as normas relativas ao processo disciplinar, a comissão revisora deve apurar os fatos ou as circunstâncias que embasaram o pleito revisional, cabendo ao requerente comprová-los.

Essa comissão, então, deve elaborar um **relatório** com suas conclusões sobre o que foi apurado e encaminhá-lo à autoridade julgadora, que necessariamente deve ser a mesma que aplicou a pena no processo disciplinar que se busca revisar.

Cabe destacar que o resultado do processo revisional não pode proporcionar o agravamento da penalidade imposta anteriormente no processo administrativo disciplinar, o que, evidentemente, tem o intuito de evitar o prejuízo do requerente.

O julgamento do processo revisional também deve acontecer no prazo de 60 dias, a partir do recebimento do processo, podendo ser realizadas diligências para esclarecimentos.

Síntese

Neste capítulo, examinamos as responsabilidades e as penalidades cabíveis ao servidor público, demonstrando, de forma geral, as consequências dos desvios de conduta que podem ser cometidos por assessores jurídicos, analistas judiciários e técnicos judiciários.

Com o enfoque no embasamento legal para a apuração de tais responsabilidades e penalidades, abordamos as previsões contidas na Lei Federal n. 8.112/1990, que dispõe sobre o regime jurídico dos servidores públicos civis da União, das autarquias e das fundações públicas federais. Também consideramos as determinações da Lei Estadual n. 16.024/2008.

Por fim, tratamos resumidamente do processo administrativo disciplinar como instrumento utilizado para apurar a responsabilidade do servidor público nas infrações praticadas no exercício de suas atribuições.

Questões para revisão

1) Como o servidor público responde no caso de exercício irregular de suas funções?

2) Nas situações em que a atuação do servidor público resulta em danos a terceiros, a quem cabe a responsabilização?

3) Sobre o enriquecimento ilícito do servidor público, é correto afirmar:
   a. Em caso de crime que resultou em prejuízo à Fazenda Pública ou enriquecimento ilícito do servidor, este ficará sujeito a sequestro e perdimento de bens, a ser determinado por ofício pela Administração Pública.
   b. Em caso de crime que resultou em prejuízo à Fazenda Pública ou enriquecimento ilícito do servidor, este ficará sujeito a sequestro e perdimento de bens, sendo, entretanto, para tais procedimentos, indispensável a intervenção do Poder Judiciário.
   c. O órgão em que o servidor atua será responsabilizado objetivamente, podendo responder até mesmo com o bloqueio de seus bens.
   d. Uma vez noticiada a ocorrência do crime, o servidor será afastado sumariamente de suas funções, com suspensão de pagamento determinada diretamente por seu superior hierárquico.

4) De acordo com o art. 127 da Lei n. 8.112/1990, são consideradas penalidades disciplinares a que o servidor público está sujeito:
   a. advertência; suspensão; demissão; cassação de aposentadoria ou disponibilidade; destituição de cargo em comissão; destituição de função comissionada.
   b. afastamento; suspensão; demissão; cassação de aposentadoria ou disponibilidade; destituição de cargo em comissão; destituição de função comissionada.
   c. advertência; suspensão; afastamento das atribuições; cassação de férias; destituição de cargo em comissão; destituição de função comissionada.
   d. advertência; suspensão de vencimentos; demissão; cassação de aposentadoria ou disponibilidade; destituição de cargo em comissão; destituição de função comissionada.

5) A aplicação irregular de dinheiro público, tanto para servidores públicos da União quanto para os dos estados, é considerada penalidade passível de:
   a. advertência.
   b. suspensão.
   c. demissão.
   d. destituição de cargo em comissão.

Questões para reflexão

1) O processo administrativo disciplinar é um instrumento pelo qual a Administração Pública exerce seu poder-dever para apurar as infrações funcionais e aplicar penalidades aos seus agentes públicos e àqueles que mantêm uma relação jurídica

com a Administração. Reflita sobre a expressão *poder-dever* e explique o que significa.

2) Explique, resumidamente, como ocorre o processo administrativo disciplinar e o que acontece em situações nas quais se constata a ocorrência de crime. Reflita sobre o motivo de não haver a responsabilização criminal do servidor nesse processo.

Consultando a legislação

Se você quiser aprofundar-se no estudo dos assuntos abordados neste capítulo, consulte os documentos indicados a seguir.

BRASIL. Constituição (1988). **Diário Oficial da União**, Brasília, DF, 5 out. 1988. Disponível em: <http://www.planalto.gov.br/ccivil_03/constituicao/ConstituicaoCompilado.htm>. Acesso em: 6 set. 2017.

_____. Decreto-Lei n. 5.452, de 1º de maio de 1943. **Diário Oficial da União**, Poder Executivo, Brasília, DF, 9 ago. 1943. Disponível em: <http://www.planalto.gov.br/ccivil_03/decreto-lei/Del5452.htm>. Acesso em: 6 set. 2017.

BRASIL. Lei n. 8.112, de 11 de dezembro de 1990. **Diário Oficial da União**, Poder Executivo, Brasília, DF, 19 abr. 1991. Disponível em: <http://www.planalto.gov.br/CCIVIL_03/leis/L8112cons.htm>. Acesso em: 6 set. 2017.

_____. Lei n. 12.527, de 18 de novembro de 2011. **Diário Oficial da União**, Poder Legislativo, Brasília, DF, 18 nov. 2011. Disponível em: <http://www.planalto.gov.br/ccivil_03/_ato2011-2014/2011/lei/l12527.htm>. Acesso em: 6 set. 2017.

PARANÁ. Lei n. 16.024, de 19 de dezembro de 2008. **Diário Oficial do Estado do Paraná**, Poder Legislativo, Curitiba, 19 dez. 2008. Disponível em: <http://www.legislacao.pr.gov.br/legislacao/pesquisarAto.do?action=exibir&codAto=16466&indice=1&totalRegistros=2>. Acesso em: 6 set. 2017.

Com o encerramento desta obra, esperamos que você tenha compreendido, de forma geral, as peculiaridades das atribuições dos assessores jurídicos, dos analistas judiciários e dos técnicos judiciários. Como procuramos demonstrar, as atividades realizadas por esses servidores públicos são muito importantes para a sociedade, sobretudo no que diz respeito ao acesso à Justiça.

No transcorrer do texto, procuramos esclarecer as diferenciações entre os cargos, os requisitos e as formas de ingresso nessas carreiras. Também apresentamos as variações entre as atividades de assessoramento, administrativas e técnicas, destacando as diferentes áreas de atuação dos servidores.

Buscamos abordar, igualmente, questões relevantes no cotidiano profissional do assessor jurídico, do analista judiciário e do técnico judiciário, como o atendimento ao público, a ética, o sigilo profissional, o segredo de justiça, a pesquisa de doutrina e de jurisprudência, a elaboração de peças e documentos oficiais e a participação em atos processuais.

Com o intuito de tornar a leitura mais prática e acessível, expusemos exemplos de doutrina e de jurisprudência, apontando as formas de citação e os caminhos a serem seguidos para a pesquisa sobre assuntos diversos.

para concluir...

Com a mesma intenção, de forma ilustrativa, juntamos à obra, na Seção Anexos, exemplos concretos de despachos, decisão interlocutória, sentença, acórdão, certidão, ofício, requerimento e portaria, justamente para mostrar a você as atividades desenvolvidas por assessores jurídicos, analistas judiciários e técnicos judiciários.

Esperamos que o estudo desses conteúdos represente não somente a obtenção de informações para a realização de uma prova ou a aprovação em uma disciplina, mas também a ampliação de seus horizontes e o despertar de seu interesse sobre o assunto, de modo a levá-lo a buscar o aprimoramento de seus conhecimentos.

AASP NOTÍCIAS. *Os limites legais para o segredo de justiça*. 25 out. 2010. Disponível em: <http://www.oabsp.org.br/subs/santoanastacio/institucional/artigos/os-limites-legais-para-o-segredo-de-justica>. Acesso em: 9 set. 2017.

ACRE. Tribunal de Justiça do Estado do Acre. *Tribunal de Justiça implanta sistema de emissão de custas online*. 14 mar. 2012. Disponível em: <https://www.tjac.jus.br/noticias/tribunal-de-justica-implanta-sistema-de-emissao-de-custas-online/>. Acesso em: 9 set. 2017.

ARAÚJO FILHO, L. P. da S. *Comentários ao Código de Defesa do Consumidor*. São Paulo: Saraiva, 2002.

BRASIL. Conselho Nacional de Justiça. Enunciado administrativo n. 7, de 19 de junho de 2008. *Diário da Justiça*, Brasília, DF, 19 jun. 2008. Disponível em: <http://www.cnj.jus.br/busca-atos-adm?documento=73>. Acesso em: 9 set. 2017.

_____. Resolução n. 88, de 8 de setembro de 2009. *Diário Oficial da União*, Brasília, DF, 17 set. 2009a. Disponível em: <http://www.cnj.jus.br/images/stories/docs_cnj/resolucao/rescnj_88.pdf>. Acesso em: 9 set. 2017.

BRASIL. Constituição (1988). *Diário Oficial da União*, Brasília, DF, 5 out. 1988. Disponível em: <http://www.planalto.gov.br/ccivil_03/constituicao/ConstituicaoCompilado.htm>. Acesso em: 9 set. 2017.

BRASIL. Constituição (1988). Emenda Constitucional n. 45, de 30 de dezembro de 2004. *Diário Oficial da União*, Brasília, DF, 31 dez. 2004. Disponível em: <http://www.planalto.gov.br/ccivil_03/Constituicao/Emendas/Emc/emc45.htm>. Acesso em: 9 set. 2017.

_____. Decreto-Lei n. 2.848, de 7 de dezembro de 1940. *Diário Oficial da União*, Poder Executivo, Brasília, DF, 31 dez. 1940. Disponível em: <http://www.planalto.gov.br/ccivil_03/decreto-lei/Del2848compilado.htm>. Acesso em: 9 set. 2017.

_____. Decreto-Lei n. 3.689, de 3 de outubro de 1941. *Diário Oficial da União*, Poder Executivo, Brasília, DF, 13 out. 1941. Disponível em: <http://www.planalto.gov.br/ccivil_03/decreto-lei/Del3689.htm>. Acesso em: 9 set. 2017.

_____. Decreto-Lei n. 5.452, de 1º de maio de 1943. *Diário Oficial da União*, Poder Executivo, Brasília, DF, 9 ago. 1943. Disponível em: <http://www.planalto.gov.br/ccivil_03/decreto-lei/Del5452.htm>. Acesso em: 9 set. 2017.

_____. Lei n. 1.060, de 5 de fevereiro de 1950. *Diário Oficial da União*, Poder Legislativo, Brasília, DF, 13 fev. 1950. Disponível em: <http://www.planalto.gov.br/ccivil_03/LEIS/L1060compilada.htm>. Acesso em: 9 set. 2017.

_____. Lei n. 5.869, de 11 de janeiro de 1973. *Diário Oficial da União*, Poder Executivo, Brasília, DF, 17 jan. 1973. Disponível em: <http://www.planalto.gov.br/ccivil_03/leis/L5869.htm>. Acesso em: 9 set. 2017.

_____. Lei n. 6.368, de 21 de outubro de 1976. *Diário Oficial da União*, Poder Legislativo, Brasília, DF, 22 out. 1976. Disponível em: <http://www.planalto.gov.br/ccivil_03/leis/L6368.htm>. Acesso em: 9 set. 2017.

_____. Lei n. 8.027, de 12 de abril de 1990. *Diário Oficial da União*, Poder Legislativo, Brasília, DF, 13 abr. 1990a. Disponível em: <http://www.planalto.gov.br/CCivil_03/LEIS/L8027.htm>. Acesso em: 9 set. 2017.

BRASIL. Lei n. 8.069, de 13 de julho de 1990. *Diário Oficial da União*, Poder Legislativo, Brasília, DF, 16 jul. 1990b. Disponível em: <http://www.planalto.gov.br/ccivil_03/LEIS/L8069.htm>. Acesso em: 9 set. 2017.

_____. Lei n. 8.112, de 11 de dezembro de 1990. *Diário Oficial da União*, Poder Executivo, Brasília, DF, 19 abr. 1991. Disponível em: <http://www.planalto.gov.br/CCIVIL_03/leis/L8112cons.htm>. Acesso em: 9 set. 2017.

_____. Lei n. 8.906, de 4 de julho de 1994. *Diário Oficial da União*, Poder Legislativo, Brasília, DF, 5 jul. 1994. Disponível em: <http://www.planalto.gov.br/ccivil_03/Leis/L8906.htm>. Acesso em: 9 set. 2017.

_____. Lei n. 9.099, de 26 de setembro de 1995. *Diário Oficial da União*, Poder Legislativo, Brasília, DF, 27 set. 1995b. Disponível em: <http://www.planalto.gov.br/ccivil_03/Leis/L9099.htm>. Acesso em: 9 set. 2017.

_____. Lei n. 9.289, de 4 de julho de 1996. *Diário Oficial da União*, Poder Executivo, Brasília, DF, 5 jul. 1996a. Disponível em: <http://www.planalto.gov.br/ccivil_03/leis/L9289.htm>. Acesso em: 9 set. 2017.

_____. Lei n. 9.296, de 24 de julho de 1996. *Diário Oficial da União*, Poder Executivo, Brasília, DF, 25 jul. 1996b. Disponível em: <http://www.planalto.gov.br/CCivil_03/LEIS/L9296.htm>. Acesso em: 9 set. 2017.

_____. Lei n. 9.784, de 29 de janeiro de 1999. *Diário Oficial da União*, Poder Legislativo, Brasília, DF, 1º fev. 1999. Disponível em: <http://www.planalto.gov.br/ccivil_03/LEIS/L9784.htm>. Acesso em: 9 set. 2017.

_____. Lei n. 9.962, de 22 de fevereiro de 2000. *Diário Oficial da União*, Poder Executivo, Brasília, DF, 23 fev. 2000a. Disponível em: <http://www.planalto.gov.br/ccivil_03/leis/L9962.htm>. Acesso em: 9 set. 2017.

BRASIL. Lei n. 10.741, de 1º de outubro de 2003. *Diário Oficial da União*, Poder Legislativo, Brasília, DF, 3 out. 2003. Disponível em: <http://www.planalto.gov.br/ccivil_03/leis/2003/L10.741.htm>. Acesso em: 9 set. 2017.

_____. Lei n. 11.232, de 22 de dezembro de 2005. *Diário Oficial da União*, Poder Executivo, Brasília, DF, 23 dez. 2005. Disponível em: <http://www.planalto.gov.br/ccivil_03/_ato2004-2006/2005/lei/l11232.htm>. Acesso em: 9 set. 2017.

_____. Lei n. 11.343, de 23 de agosto de 2006. *Diário Oficial da União*, Poder Legislativo, Brasília, DF, 24 ago. 2006a. Disponível em: <http://www.planalto.gov.br/ccivil_03/_ato2004-2006/2006/lei/l11343.htm>. Acesso em: 9 set. 2017.

_____. Lei n. 11.415, de 15 de dezembro de 2006. *Diário Oficial da União*, Poder Legislativo, Brasília, DF, 15 dez. 2006b. Disponível em: <http://www.planalto.gov.br/ccivil_03/_ato2004-2006/2006/lei/l11415.htm>. Acesso em: 9 set. 2017.

_____. Lei n. 11.416, de 15 de dezembro de 2006. *Diário Oficial da União*, Poder Legislativo, Brasília, DF, 15 dez. 2006c. Disponível em: <http://www.planalto.gov.br/ccivil_03/_ato2004-2006/2006/lei/l11416.htm>. Acesso em: 9 set. 2017.

_____. Lei n. 11.419, de 19 de dezembro de 2006. *Diário Oficial da União*, Poder Legislativo, Brasília, DF, 20 dez. 2006d. Disponível em: <http://www.planalto.gov.br/ccivil_03/_ato2004-2006/2006/lei/l11419.htm>. Acesso em: 9 set. 2017.

_____. Lei n. 12.153, de 22 de dezembro de 2009. *Diário Oficial da União*, Poder Legislativo, Brasília, DF, 23 dez. 2009b. Disponível em: <http://www.planalto.gov.br/ccivil_03/_Ato2007-2010/2009/Lei/L12153.htm>. Acesso em: 9 set. 2017.

_____. Lei n. 12.527, de 18 de novembro de 2011. *Diário Oficial da União*, Poder Legislativo, Brasília, DF, 18 nov. 2011. Disponível em: <http://www.planalto.gov.br/ccivil_03/_ato2011-2014/2011/lei/l12527.htm>. Acesso em: 9 set. 2017.

BRASIL. Lei n. 12.850, de 2 de agosto de 2013. *Diário Oficial da União*, Poder Executivo, Brasília, DF, 5 ago. 2013. Disponível em: <http://www.planalto.gov.br/ccivil_03/_Ato2011-2014/2013/Lei/L12850.htm#art26>. Acesso em: 25 set. 2017.

_____. Lei n. 13.105, de 16 de março de 2015. *Diário Oficial da União*, Poder Legislativo, Brasília, DF, 17 mar. 2015. Disponível em: <http://www.planalto.gov.br/ccivil_03/_Ato2015-2018/2015/Lei/L13105.htm>. Acesso em: 9 set. 2017.

_____. Lei n. 13.316, de 20 de julho de 2016. *Diário Oficial da União*, Ministério Público da União, Brasília, DF, 21 jul. 2016. Disponível em: <http://www.planalto.gov.br/ccivil_03/_Ato2015-2018/2016/Lei/L13316.htm#art35>. Acesso em: 9 set. 2017.

_____. Lei Complementar n. 101, de 4 de maio de 2000. *Diário Oficial da União*, Poder Legislativo, Brasília, DF, 5 maio 2000b. Disponível em: <http://www.planalto.gov.br/ccivil_03/leis/LCP/Lcp101.htm>. Acesso em: 9 set. 2017.

BRASIL. Presidência da República. Casa Civil. Subchefia para Assuntos Jurídicos. *Manual de redação da Presidência da República*. 2. ed. rev. e atual. Brasília, 2002. Disponível em: <http://www.planalto.gov.br/ccivil_03/manual/manual.htm>. Acesso em: 9 set. 2017.

BRASIL. Superior Tribunal de Justiça. Recurso Especial n. 783.139, de 11 de dezembro de 2007. Relator: Min. Massami Uyeda. *Diário da Justiça*, Brasília, DF, 11 dez. 2007. Disponível em: <http://stj.jusbrasil.com.br/jurisprudencia/8720434/recurso-especial-resp-783139-es-2005-0156675-6/inteiro-teor-13783074>. Acesso em: 9 set. 2017.

BRASIL. Supremo Tribunal Federal. Súmula n. 523, de 3 de dezembro de 1969. *Diário da Justiça*, Brasília, DF, 12 dez. 1969. Disponível em: <http://www.stf.jus.br/portal/jurisprudencia/menuSumarioSumulas.asp?sumula=2729>. Acesso em: 9 set. 2017.

_____. Súmula Vinculante n. 13, de 21 de agosto de 2008. *Diário Oficial da União*, Brasília, DF, 29 ago. 2008a. Disponível em: <http://www.stf.jus.br/portal/jurisprudencia/listarJurisprudencia.asp?s1=13.NUME.%20E%20S.FLSV.&base=baseSumulasVinculantes>. Acesso em: 9 set. 2017.

CAMARGO, M. *Fundamentos de ética geral e profissional*. 2. ed. Petrópolis: Vozes, 1996.

CAPPELLETTI, M.; GARTH, B. *Acesso à justiça*. Porto Alegre: Sergio Antonio Fabris Editor, 1988.

CASTRO FLHO, S. de O. Breves considerações sobre a competência no direito processual civil brasileiro. 11 nov. 2002. Disponível em: <https://bdjur.stj.jus.br/jspui/bitstream/2011/753/Breves_%20 Considera%C3%A7%C3%B5es_%20Sobre_%20a_%20 Compet%C3%AAncia.pdf>. Acesso em: 9 set. 2017.

CAVALIERI FILHO, S. *Programa de responsabilidade civil*. 6. ed. São Paulo: Malheiros, 2006.

COLOMBO, J. *Atos processuais*. São Paulo: Alternativa Correta, 3 mar. 2010.

CRETELLA JÚNIOR, J. *Direito administrativo do Brasil*: regime jurídico dos funcionários públicos. São Paulo: Revista dos Tribunais, 1964.

DE PLÁCIDO E SILVA, O. J. *Vocabulário jurídico*. 17. ed. Rio de Janeiro: Forense, 2000.

DEZAN, S. L. O servidor público e o dever de guarda de sigilo. *Revista Jus Navigandi*, Teresina, ano 17, n. 3.408, 30 out. 2012. Disponível em: <https://jus.com.br/artigos/22921>. Acesso em: 9 set. 2017.

DI PIETRO. M. S. Z. *Direito administrativo*. 20. ed. São Paulo: Atlas, 2007.

DISTRITO FEDERAL. Tribunal de Justiça do Distrito Federal e dos Territórios. Resolução n. 18, de 16 de dezembro de 2014. *Diário da Justiça Eletrônico*, 18 dez. 2014. Disponível em: <http://www.tjdft.jus.br/publicacoes/publicacoes-oficiais/resolucoes-do-pleno/2014/resolucao-18-de-16-12-2014-1>. Acesso em: 9 set. 2017.

GOIÁS. Lei n. 10.460, de 22 de fevereiro de 1988. *Diário Oficial do Estado de Goiás*, Goiânia, 29 fev. 1988. Disponível em: <http://www.gabinetecivil.goias.gov.br/leis_ordinarias/1988/lei_10460.htm>. Acesso em: 9 set. 2017.

_____. Lei n. 17.663, de 14 de junho de 2012. *Diário Oficial do Estado de Goiás*, Goiânia, 19 jun. 2012. Disponível em: <http://www.gabinetecivil.go.gov.br/pagina_leis.php?id=10324>. Acesso em: 9 set. 2017.

MARINELA, F. *Direito administrativo*. 4. ed. Niterói: Impetus, 2010.

MARINONI, L. G. *Processo de conhecimento*. 7. ed. São Paulo: Revista dos Tribunais, 2008.

_____. *Questões do novo direito processual civil brasileiro*. Curitiba: Juruá, 1999.

MARINONI, L. G.; ARENHART, S. C. *Manual do processo de conhecimento*. 5. ed. São Paulo: Revista dos Tribunais, 2006.

MARQUES, C. L. *Contratos no Código de Defesa do Consumidor*. 4. ed. São Paulo: Revista dos Tribunais, 2004.

MATO GROSSO DO SUL. Lei n. 3.687, de 9 de junho de 2009. *Diário Oficial do Estado do Mato Grosso do Sul*, Campo Grande, 10 jun. 2009. Disponível em: <http://www.tce.ms.gov.br/storage/docdigital/2010/08/7824dd2c3647b5fa7261b902e6a0c65f.pdf>. Acesso em: 9 set. 2017.

MEDINA, J. M. G. *Código de Processo Civil comentado*: com remissões e notas comparativas ao projeto do novo CPC. São Paulo: Revista dos Tribunais, 2011.

MEDINA, J. M. G.; WAMBIER, T. A. A. *Processo civil moderno*: recursos e ações autônomas de impugnação. São Paulo: Revista dos Tribunais, 2008.

MEIRELLES, H. L. *Direito administrativo brasileiro*. 29. ed. São Paulo: Malheiros, 2000.

_____. _____. 32. ed. São Paulo: Malheiros, 2006.

MELLO, O. A. B. de. *Princípios gerais de direito administrativo*. Rio de Janeiro: Forense, 1969.

MIRABETE, J. F. *Processo penal*. 16. ed. São Paulo: Atlas, 2004.

_____. _____. 18. ed. São Paulo: Atlas, 2008.

MIRANDA, P. de. *Comentários ao Código de Processo Civil*. 8. ed. Rio de Janeiro: Forense, 1998.

MORAES, A. de. *Direito constitucional*. 17. ed. São Paulo: Atlas, 2005.

MOTTA, F. Concursos públicos e o princípio da vinculação ao edital. *Revista Jus Navigandi*, Teresina, ano 11, n. 972, 28 fev. 2006. Disponível em: <https://jus.com.br/artigos/8035>. Acesso em: 6 set. 2017.

NERY JUNIOR, N. *Princípios fundamentais*: teoria geral dos recursos. 4. ed. São Paulo: Revista dos Tribunais, 1997.

NEVES, D. A. A. *Manual de direito processual civil*. São Paulo: Método, 2009.

NUCCI, G. de S. *Código de Processo Penal comentado*. 5. ed. São Paulo: Revista dos Tribunais, 2006.

NUNES, P. R. *Dicionário de tecnologia jurídica*. 12. ed. rev., atual. e ampl. Rio de Janeiro: Freitas Bastos, 1993.

PARANÁ. Justiça Federal. Seção Judiciária do Paraná. *Atos processuais*. Disponível em: <https://www.jfpr.jus.br/www/institucional/atosprocessuais.php>. Acesso em: 9 set. 2017.

PARANÁ. Lei n. 14.277, de 30 de dezembro de 2003. *Diário Oficial do Estado do Paraná*, Poder Legislativo, 30 dez. 2003. Disponível em: <http://www.legislacao.pr.gov.br/legislacao/pesquisarAto.do?action=exibir&codAto=5826&indice=1&totalRegistros=1>. Acesso em: 9 set. 2017.

_____. Lei n. 15.831, de 12 de maio de 2008. *Diário Oficial do Estado do Paraná*, Poder Legislativo, Curitiba, 12 maio 2008a. Disponível em: <http://www.legislacao.pr.gov.br/legislacao/pesquisarAto.do?action=exibir&codAto=10015&indice=1&totalRegistros=1>. Acesso em: 9 set 2017.

_____. Lei n. 16.023, de 19 de dezembro de 2008. *Diário Oficial do Estado do Paraná*, Poder Legislativo, Curitiba, 19 dez. 2008b. Disponível em: <http://www.legislacao.pr.gov.br/legislacao/listarAtosAno.do?action=exibir&codAto=16429&codItemAto=451732>. Acesso em: 9 set. 2017.

_____. Lei n. 16.024, de 19 de dezembro de 2008. *Diário Oficial do Estado do Paraná*, Poder Legislativo, Curitiba, 19 dez. 2008c. Disponível em: <http://www.legislacao.pr.gov.br/legislacao/pesquisarAto.do?action=exibir&codAto=16466&indice=1&totalRegistros=2>. Acesso em: 9 set. 2017.

PARANÁ. Lei n. 16.748, de 29 de dezembro de 2010. *Diário Oficial do Estado do Paraná*, Poder Legislativo, Curitiba, 29 dez. 2010a. Disponível em: <http://www.legislacao.pr.gov.br/legislacao/pesquisarAto.do?action=exibir&codAto=58515&codItemAto=451312#451312>. Acesso em: 9 set. 2017.

_____. Tribunal de Justiça do Estado do Paraná. Decreto Judiciário n. 2.324, de 12 de dezembro de 2013. *Diário Eletrônico do Tribunal de Justiça do Paraná*, Curitiba, n. 1.249, 16 dez. 2013a. Disponível em: <https://www.tjpr.jus.br/documents/32415/b3a11bb7-01a3-48db-8042-052b73dce4ab>. Acesso em: 9 set. 2017.

_____. Decreto Judiciário n. 1.162, de 14 de dezembro de 2015. *Diário Eletrônico do Tribunal de Justiça do Paraná*, Curitiba, n. 1.715, 7 jan. 2016a. Disponível em: <https://portal.tjpr.jus.br/pesquisa_athos/publico/ajax_concursos.do?tjpr.url.crypto=8a6c53f8698c7ff7801c49a82351569545dd27fb68d84af89c7272766cd6fc9f3ef8036517011e901fe97735929c6eec8bf440087b6b30641a2fb19108057b53eef286ec70184c6e>. Acesso em: 9 set. 2017.

_____. Decreto Judiciário n. 1.004, de 5 de outubro de 2016. *Diário Eletrônico do Tribunal de Justiça do Paraná*, Curitiba, n. 1.902, 11 out. 2016b. Disponível em: <https://portal.tjpr.jus.br/pesquisa_athos/publico/ajax_concursos.do;jsessionid=57194f515fc2b55bae4a5a466133?tjpr.url.crypto=8a6c53f8698c7ff7801c49a82351569545dd27fb68d84af89c7272766cd6fc9f3f4c2fa0c62c725ddd87d6324f0117ca8bf440087b6b30641a2fb19108057b53eef286ec70184c6e>. Acesso em: 9 set. 2017.

_____. Edital n. 1, de 18 jun. 2009. *Diário Eletrônico do Tribunal de Justiça do Paraná*, Curitiba, 19 jun. 2009. Disponível em: <https://portal.tjpr.jus.br/publicacao_documentos/documentos/carregarDocumento.do?tjpr.url.crypto=16c74de0ca50065735c5f2d232c66aa2>. Acesso em: 9 set. 2017.

PARANÁ. Edital n. 1, de 14 maio 2013. *Diário Eletrônico do Tribunal de Justiça do Paraná*, Curitiba, 20 maio 2013b. Disponível em: <https://portal.tjpr.jus.br/pesquisa_athos/publico/ajax_concursos.do?tjpr.url.crypto=8a6c53f8698c7ff7801c49a82351569545dd27fb68d84af89c7272766cd6fc9ff006d3f0d1321e91af479f60bdb525968bf440087b6b30641a2fb19108057b53eef286ec70184c6e>. Acesso em: 9 set. 2017.

PARANÁ. Edital n. 19, de 9 jul. 2013. *Diário Eletrônico do Tribunal de Justiça do Paraná*, Curitiba, 11 jul. 2013c. Disponível em: <https://portal.tjpr.jus.br/pesquisa_athos/publico/ajax_concursos.do?tjpr.url.crypto=8a6c53f8698c7ff7801c49a82351569545dd27fb68d84af89c7272766cd6fc9f0c32654bfba9bc50c5289fcdcb7c6cdc8bf440087b6b30641a2fb19108057b53eef286ec70184c6e>. Acesso em: 9 set. 2017.

_____. *Regimento Interno do Tribunal de Justiça do Estado do Paraná*. Curitiba, 2010b. Disponível em: <https://www.tjpr.jus.br/regimento-interno>. Acesso em: 9 set. 2017.

_____. *Regulamento da Secretaria do Tribunal de Justiça*. Curitiba, 2015. Disponível em: <https://www.tjpr.jus.br/regulamento-do-tribunal-de-justica>. Acesso em: 9 set. 2017.

PORTO ALEGRE. Tribunal Regional Federal da 4ª Região. Edital n. 1, de 13 de maio de 2014. *Diário Eletrônico da Justiça Federal da 4ª Região*, Porto Alegre, 19 maio 2014. Disponível em: <http://www2.trf4.jus.br/trf4/diario/visualiza_documento_adm.php?orgao=1&id_materia=20258&reload=false>. Acesso em: 9 set. 2017.

RAHAL, F. Publicidade no processo penal: a mídia e o processo. *Revista Brasileira de Ciências Criminais*, v. 12, n. 47, p. 270-283, mar./abr. 2004.

REINALDO FILHO, D. Custas no cumprimento de sentença. *Revista Jus Navigandi*, Teresina, ano 17, n. 3.345, 28 ago. 2012. Disponível em: <https://jus.com.br/artigos/22512>. Acesso em: 9 set. 2017.

ROCHA, C. L. A. *Princípios constitucionais dos servidores públicos*. São Paulo: Saraiva, 1999.

SÁ, A. L. de. Ética profissional. 4. ed. São Paulo: Atlas, 2001.

SÁNCHEZ VÁZQUEZ, A. S. *Ética*. 22. ed. Rio de Janeiro: Civilização Brasileira, 2002.

SANTA CATARINA. Tribunal de Justiça do Estado de Santa Catarina. Resolução n. 19, de 25 de maio de 2011. *Diário de Justiça do Estado de Santa Catarina*, Florianópolis, 20 jun. 2011. Disponível em: <http://busca.tjsc.jus.br/buscatextual/integra.do?cdSistema=1&cdDocumento=1585&cdCategoria=1&q=&frase=&excluir=&qualquer=&prox1=&prox2=&proxc=>. Acesso em: 9 set. 2017.

SANTA CATARINA. Resolução n. 10, de 20 de abril de 2016. *Diário de Justiça do Estado de Santa Catarina*, Florianópolis, 12 maio 2016. Disponível em: <https://www.jusbrasil.com.br/diarios/documentos/336872712/resolucao-tj-n-10-20-de-abril-de-2016-do-tjsc>. Acesso em: 9 set. 2017.

SÃO PAULO. Escola Fazendária do Estado de São Paulo. *Manual de redação dos atos oficiais e de comunicação da Secretaria da Fazenda*. São Paulo: Fazesp, 2008. Disponível em: <http://www.daee.sp.gov.br/outorgatreinamento/fiscal/APRESENTACAO/4_Direito_Fazenda_Nuzzi.pdf>. Acesso em: 9 set. 2017.

SÃO PAULO. Lei n. 10.261, de 28 de outubro de 1968. *Diário Oficial do Estado de São Paulo*, São Paulo, 29 out. 1968. Disponível em: <https://www.al.sp.gov.br/repositorio/legislacao/lei/1968/alteracao-lei-10261-28.10.1968.html>. Acesso em: 9 set. 2017.

_____. Lei Complementar n. 1.111, de 25 de maio de 2010. *Diário Oficial do Estado de São Paulo*, São Paulo, 26 maio 2010. Disponível em: <http://www.al.sp.gov.br/repositorio/legislacao/lei.complementar/2010/alteracao-lei.complementar-1111-25.05.2010.html>. Acesso em: 9 set. 2017.

_____. Lei Complementar n. 1.172, de 10 de abril de 2012. *Diário Oficial do Estado*, São Paulo, 11 abr. 2012. Disponível em: <http://www.al.sp.gov.br/repositorio/legislacao/lei.complementar/2012/lei.complementar-1172-10.04.2012.html>. Acesso em: 9 set. 2017.

SÃO PAULO. Regimento Interno dos Servidores do Tribunal de Justiça do Estado de São Paulo. *Diário da Justiça Eletrônico*, São Paulo, 28 dez. 1995. Disponível em: <http://www.tjsp.jus.br/download/conhecatjsp/regulamento.pdf>. Acesso em: 9 set. 2017.

SLAIBI FILHO, N. *Reforma da justiça*. Niterói: Impetus, 2005.

THEODORO JÚNIOR, H. *Código de Processo Civil anotado*. 2. ed. Rio de Janeiro: Forense, 1996.

_____. *Curso de direito processual civil*: teoria geral do direito processual civil e processo de conhecimento. 55. ed. Rio de Janeiro: Forense, 2014. v. I.

TOURINHO FILHO, F. da C. *Manual de processo penal*. 2. ed. São Paulo: Saraiva, 2001.

_____. *Processo penal*. 30. ed. São Paulo: Saraiva, 2008.

VIEIRA, A. D. A. *Anotações de teoria geral do processo*. Rio de Janeiro: Edição Informal, 2016. v. II.

Despachos de mero expediente

Autos n. 0071418-18.2012.8.16.[núm.]

1 – O juiz não está obrigado a conceder, indiscriminadamente, a gratuidade de justiça.

Isto porque o mero requerimento do benefício não enseja o convencimento de que o pretendente esteja nas condições econômicas desfavoráveis previstas na Lei n. 1060/1950.

Neste sentido, vide o recente julgado do STJ:

PROCESSUAL CIVIL. AGRAVO REGIMENTAL EM AGRAVO DE INSTRUMENTO. JUSTIÇA GRATUITA. EXIGÊNCIA DE COMPROVAÇÃO DO ESTADO DE MISERABILIDADE. 1. O pedido de assistência judiciária gratuita pode ser indeferido quando o magistrado tiver fundadas razões para crer que o requerente não se encontra no estado de miserabilidade declarado. 2. Os agravantes não trouxeram qualquer argumento capaz de infirmar a decisão que pretende ver reformada, razão pela qual entende-se que ela há de ser mantida na íntegra. 3. Agravo regimental a que se nega provimento. STJ, AgRg no Ag 881.512/RJ, 02/12/2008.

Assim, deverá a parte autora apresentar suas três (03) últimas declarações de renda, de modo a corroborar o convencimento do juízo.

2 – Cumpre ainda a parte autora, emendar a inicial, dando à causa o valor do contrato cuja revisão pretende (Art. 259, V CPC). Prazo de 10 dias, pena de indeferimento.

Int.

Londrina, 8 de Novembro de 2012.
[nome do juiz]
Juiz de Direito

Processo 0023692-05.2013.8.16.0017

1 – Mesmo não tendo sido verificado se ocorre a hipótese prevista no art. 330, I, do CPC, ainda assim designo audiência preliminar de conciliação para o dia 15-5-2014, às 14h30.

2 – Intimem-se as partes na pessoa de seus respectivos advogados, os quais deverão promover o comparecimento de seus constituintes, pessoalmente ou na figura de preposto, salvo se tiverem os mencionados causídicos procuração com poderes para transigir.

Intimem-se.

Maringá, 28 de março de 2014
[nome do juiz], Juiz de Direito

Processo 0023692-05.2013.8.16.0017
Aguarde-se a realização da audiência designada.

Maringá, 15 de setembro de 2014
[nome do juiz], Juiz de Direito

Nota: Texto extraído do acervo do sistema de intranet do Tribunal de Justiça do Estado do Paraná – Judwin.

Decisões interlocutórias

PODER JUDICIÁRIO DO ESTADO DO PARANÁ
COMARCA DE TELÊMACO BORBA
SECRETARIA DO CÍVEL DE TELÊMACO
BORBA – PROJUDI
[endereço]

Autos n. 0005810-08.2012.8.16.0165

DECISÃO INTERLOCUTÓRIA

1. Trata-se de AÇÃO DE INDENIZAÇÃO promovida por [nome do juiz] devidamente qualificada – em face de [nome da parte] – todos qualificados.

Presentes os requisitos previstos nos arts. 282 e 283 do Código de Processo Civil, RECEBO a petição inicial. Bem como o fato da causa amoldar-se ao art. 275, I, do Código de Processo Civil, DETERMINO o processamento dos autos pelo procedimento comum sumário.

2. Concedo à parte autora os benefícios da Assistência Judiciária Gratuita, nos termos da Lei n. 1.060/50.

3. Determino que a Secretaria designe audiência de CONCILIAÇÃO E SANEAMENTO para a data mais próxima disponível em pauta. CITE-SE a parte requerida, preferencialmente por correio (AR), com antecedência mínima de 10 (dez) dias, devendo no mandado constar expressamente a advertência do parágrafo 2º do art. 277 do Código de Processo Civil, bem como que a defesa deverá ser oferecida na própria audiência, nos termos do art. 278 do mesmo diploma legal.

4. Advirta-se o requerente que eventual impugnação à contestação deverá ser apresentada na própria audiência, verbalmente.

5. Por fim, venham conclusos.

6. A cópia desta decisão, acompanhada dos necessários documentos e peças para sua compreensão e individualização, servirá como ofício, carta ou mandado de citação ou intimação, carta precatória ou qualquer outro expediente tendente a dar cumprimento às determinações.

Intimações e diligências necessárias.

Telêmaco Borba, 11 de março de 2013.

[nome da juíza]

Juíza Substituta

DECISÃO INTERLOCUTÓRIA

Diante da inexistência de provas a serem produzidas, e diante da preclusão lógico-consumativa para o requerido (manifestação em audiência de 02.07.2013), o processo comporta julgamento antecipado, nos termos do artigo 330, I, do Código de Processo Civil.

Cumpridas as diligências e decorridos os prazos, venham os autos conclusos.

Intimações e diligências necessárias.

Telêmaco Borba – PR, data e horário do lançamento no sistema, segundo o item 2.21.4.1 do Código de Normas.

[nome da juíza]
Juíza de Direito

Nota: Texto extraído do acervo do sistema de intranet do Tribunal de Justiça do Estado do Paraná – Judwin.

Sentença

PODER JUDICIÁRIO DO ESTADO DO PARANÁ
COMARCA DA REGIÃO METROPOLITANA DE CURITIBA –
FORO CENTRAL DE CURITIBA
11ª VARA CRIMINAL DE CURITIBA – PROJUDI
[endereço]
Autos n. 0014138-24.2014.8.16.[núm.]
Processo: 0014138-24.2014.8.16.[núm.]
Classe Processual: Ação Penal – Procedimento Ordinário
Assunto Principal: Latrocínio
Data da Infração: 24/05/2014
Autor(es): Ministério Público do Estado do Paraná
Vítima(s): [nome da vítima]
Réu(s): [nome do réu]

I. RELATÓRIO

O réu [nome do réu], brasileiro, casado, pintor, natural de Curitiba/PR, nascido em [data], com [idade] de idade na data dos fatos, filho de [nome da mãe] e [nome do pai], portador da Cédula de Identidade RG n. [núm.], residente no município de [endereço], atualmente recolhido em cadeia pública, foi denunciado como incurso nas sanções previstas no artigo 157, parágrafo 3º, do Código Penal, pela prática do seguinte fato:

"No dia 24 de maio de 2014, por volta das 19h, em via pública, na Avenida Três Marias, em frente ao numeral 169, Bairro São Braz, em Curitiba/PR, o denunciado [nome do réu], juntamente com outro indivíduo ainda não identificado, dotados de vontade livre e consciente, cientes da ilicitude e reprovabilidade de suas condutas, dolosamente, mediante grave ameaça exercida com emprego de arma de fogo (não apreendida), deram voz de assalto às vítimas [nomes das vítimas] e tentaram subtrair para ambos o veículo [automóvel], de placas [núm.], avaliado em R$ 32.000,00 (trinta e dois mil reais – cf auto de avaliação – evento 1.20), sendo que, quando a vítima [nome] deixava o veículo, o denunciado [nome do réu], dolosamente, com o intuito de matar a vítima [nome], efetuou um disparo de arma de fogo que atingiu seu tórax, transfixando-o. Após o disparo, ambos os autores do crime, visando evitar sua prisão, fugiram do local sem efetivar a subtração do veículo.

A vítima alvejada foi encaminhada para o Hospital Evangélico, onde foi prontamente atendida, sobrevivendo ao disparo efetuado pelo denunciado." (mov. 1.1).

A denúncia foi recebida em 22 de julho de 2014, sendo determinada a citação do réu para apresentar resposta escrita (mov. 7.1).

Juntou-se aos autos o Laudo de Exame de Lesões Corporais n. 10535/2014 (mov. 18.1).

O acusado, por intermédio da Defensoria Pública, apresentou resposta à acusação (mov. 19.1).

Foi proferido despacho saneador, designando-se audiência de instrução e julgamento (mov. 21.1).

Durante a instrução processual foram inquiridas as cinco testemunhas arroladas na denúncia (mov. 41.1, 41.2, 41.3, 41.4 e 41.5), sendo, ao final, interrogado o denunciado (mov. 41.6).

As partes apresentaram alegações finais na forma de memoriais.

O Ministério Público, sustentando que está provada a materialidade e a autoria do crime de latrocínio tentado, pugnou pela condenação do acusado [nome do réu] nas sanções do artigo 157, parágrafo 3º, segunda parte, combinado com o artigo 14, inciso II, ambos do Código Penal (mov. 44.1). O Defensor Público nomeado para defender os interesses do acusado, em preliminar, requereu seja declarada a nulidade do reconhecimento pessoal realizado, alegando que não se respeitou o disposto no artigo 226, do Código de Processo Penal, razão pela qual deveria ser desentranhada dos autos por se tratar de prova ilícita. No mérito, discorrendo acerca da ausência de indícios de autoria e fragilidade probatória, pugnou por sua absolvição, com fulcro no artigo 386, inciso VII, do Código de Processo Penal.

Alternativamente, discorrendo que não desejava a morte da vítima, requereu o reconhecimento da

II. FUNDAMENTAÇÃO

O processo está em ordem, encontrando-se em condições de ser analisado nesta oportunidade. Entendo que não merece guarida a preliminar arguida pelo Defensor do acusado – suposta nulidade do reconhecimento pessoal – que teria sido realizado em desrespeito ao disposto no artigo 226, do Código de Processo Penal.

Ao contrário do que argumenta o Defensor, depreende-se do Auto de Reconhecimento de mov. 1.9, dos autos de inquérito policial, em apenso, lavrado pela Autoridade Policial, que inexistem nulidades no procedimento, visto que a forma prevista no artigo 226, do Código de Processo Penal, foi integralmente respeitada.

O artigo 226 do Código de Processo Penal dispõe:

"Art. 226. Quando houver necessidade de fazer-se o reconhecimento de pessoa, proceder-se-á pela seguinte forma:

I – a pessoa que tiver de fazer o reconhecimento será convidada a descrever a pessoa que deva ser reconhecida;

II – a pessoa, cujo reconhecimento se pretender, será colocada, se possível, ao lado de outras que com ela tiverem qualquer semelhança, convidando-se quem tiver de fazer o reconhecimento a apontá-la;

III – se houver razão para recear que a pessoa chamada para o reconhecimento, por efeito de intimidação ou outra influência, não diga a verdade em face da pessoa que deve ser reconhecida, a autoridade providenciará para que esta não veja aquela;

IV – do ato de reconhecimento lavrar-se-á auto pormenorizado, subscrito pela autoridade, pela pessoa chamada para proceder ao reconhecimento e por duas testemunhas presenciais."

Desse modo, não há irregularidades no Auto de Reconhecimento, porquanto foi realizado de acordo com a legislação em vigor.

Ressalve-se que, mesmo que o réu tenha sido reconhecido por fotografia, em um primeiro momento, na Delegacia de Polícia, isto ocorreu devido ao lapso temporal entre a data do fato e a oitiva da vítima. Entretanto, ainda assim, constato plena convicção nas palavras da vítima quando declarou que: "com certeza cristalina dizer que são fotografias do mesmo sujeito que acompanhado de outro indivíduo, tentaram roubar a sua [automóvel], este sujeito estampado nas fotografias examinadas era quem empunhava a arma de fogo e gritou 'eu quero a camioneta... eu vou atirar...', mas mesmo sem a reação do reconhecedor, este sujeito da fotografia disparou contra o Reconhecedor, descrevendo-a(s) como: Mediano, moreno claro, cabelos pretos e curtos, olhos castanhos, entroncado, sem bigode e sem barba, (mov. 1.9 – autos de inquérito policial, rosto ovalado e tinha cerca de 22 a 23 anos." em apenso).

Ademais, após foi realizado novo reconhecimento pessoal do acusado, onde novamente foi reconhecido, sem sombra de dúvidas, pela vítima (mov. 1.14 – autos de inquérito policial, em apenso). Além do Auto de Reconhecimento cumprir com as exigências legais, a vítima reconheceu o réu em juízo, afirmando ter certeza de que se tratava de um dos autores do delito. O reconhecimento efetuado pela vítima, em juízo, ratificou o reconhecimento realizado no Distrito Policial.

Sobre o fato em análise, tem se pronunciado o nosso Tribunal de Justiça:

"APELAÇÃO CRIMINAL – LATROCÍNIO CONSUMADO E TENTADO – APELAÇÃO 1 – PEDIDO DE ABSOLVIÇÃO – IMPOSSIBILIDADE – ALEGADA INSUFICIÊNCIA DE PROVAS HÁBEIS A SUSTENTAR A CONDENAÇÃO – NEGATIVA DE AUTORIA – TESE AFASTADA – AUTORIA E MATERIALIDADE COMPROVADAS – PALAVRA DA VÍTIMA CORROBORADA PELAS DEMAIS PROVAS CARREADAS AOS AUTOS – DOSIMETRIA DA PENA ESCORREITA – RECURSO CONHECIDO E NÃO PROVIDO APELAÇÃO 2 – PRELIMINARES – NULIDADE DO AUTO DE RECONHECIMENTO DE PESSOA – INOBSERVÂNCIA DAS REGRAS DO ARTIGO 226, DO CÓDIGO DE PROCESSO PENAL – INOCORRÊNCIA – ATO CORROBORADO POR OUTROS ELEMENTOS DE CONVICÇÃO – NULIDADE DO TERMO DE DECLARAÇÃO PRESTADO PELA TESTEMUNHA SIGILOSA – NÃO ACOLHIMENTO – SENTENÇA QUE SE FUNDOU EM EMBASADO CONJUNTO PROBATÓRIO – MÉRITO – PLEITO PELA ABSOLVIÇÃO ANTE A INSUFICIÊNCIA DE PROVAS – DESCABIMENTO – AUTORIA E MATERIALIDADE COMPROVADAS – PALAVRA DA VÍTIMA QUE ASSUME ESPECIAL RELEVÂNCIA NOS CRIMES CONTRA O PATRIMÔNIO – NEGATIVA DE AUTORIA ISOLADA NOS AUTOS – PEDIDO

DE ABSOLVIÇÃO DA TENTATIVA DE LATROCÍNIO – NÃO ACOLHIMENTO – EVIDENCIADO O DOLO DO AGENTE EM MATAR A VÍTIMA E SUBTRAIR SEUS BENS – EVENTO MORTE QUE NÃO SE CONCRETIZOU POR CIRCUNSTÂNCIAS ALHEIAS À SUA VONTADE – DOSIMETRIA DA PENA ESCORREITA – RECURSO CONHECIDO E NÃO PROVIDO" (TJPR – 5ª C. Criminal – AC – [núm.] – Guarapuava – Rel.: [nome do juiz] – Unânime – J. 10.07.2014)

"APELAÇÕES CRIMINAIS – ROUBO QUALIFICADO PELO RESULTADO MORTE, NA FORMA TENTADA – ART. 157, §3º, SEGUNDA PARTE, C/C ART. 14, II, AMBOS DO CP – PRELIMINARES DE NULIDADE DO RECONHECIMENTO PESSOAL E DE NULIDADE DA DECISÃO POR VIOLAÇÃO AO PRINCÍPIO DA LEGALIDADE AFASTADAS – DESCABIMENTO DA ALEGAÇÃO DE FRAGILIDADE DO CONJUNTO PROBATÓRIO – PROVAS CARREADAS AOS AUTOS HÁBEIS A ENSEJAR O DECRETO CONDENATÓRIO – PALAVRA DA VÍTIMA QUE ASSUME ESPECIAL RELEVÂNCIA NOS CRIMES CONTRA O PATRIMÔNIO MATERIALIDADE E AUTORIA COMPROVADAS – NEGATIVA DE AUTORIA ISOLADA NOS AUTOS – PRÁTICA DE LATROCÍNIO EVIDENCIADA – EXASPERAÇÃO DA PENA-BASE QUE SE JUSTIFICA PELAS CIRCUNSTÂNCIAS DO CRIME – PLEITO DE EXCLUSÃO DA PENA DE MULTA SOB O ARGUMENTO DE DIFICULDADE FINANCEIRA – DESCABIMENTO, SOB PENA DE VIOLAÇÃO DO PRINCÍPIO DA LEGALIDADE – PENA DE MULTA EXPRESSAMENTE PREVISTA NO TIPO PENAL – RECURSOS DESPROVIDOS." (TJPR – 3ª C. Criminal – AC – 1113117-8 – Foro Central da Comarca da Região Metropolitana de Curitiba – Rel.: [nome do juiz] – Unânime – J. 30.01.2014)

Assim, não havendo ilegalidade no reconhecimento do acusado, não há nulidade a ser observada, razão pela qual passo a analisar o mérito da ação penal.

Ao réu [nome do réu] foi imputada a prática do crime previsto no artigo 157, parágrafo 3º, parte final, c/c artigo 14, inciso II, ambos do Código Penal, conforme descrição fática contida na denúncia de mov. 1.1.

Descreve a denúncia que, no dia 24 de maio de 2014, por volta das 19h, em via pública, na [endereço], o denunciado [nome do réu], juntamente com outro indivíduo ainda não identificado, dotados de vontade livre e consciente, cientes da ilicitude e reprovabilidade de suas condutas, dolosamente, mediante grave ameaça exercida com emprego de arma de fogo (não apreendida), deram voz de assalto às vítimas [nome das vítimas], e tentaram subtrair, para ambos, o veículo [automóvel], de placas [núm.], avaliado em R$ 32.000,00 (trinta e dois mil reais), sendo que, quando a primeira deixava o veículo, o denunciado [nome do réu], dolosamente, com o intuito de matar a vítima [nome da vítima], efetuou um disparo de arma de fogo que atingiu seu tórax, transfixando-o. Após o disparo, ambos os autores do crime, visando evitar sua prisão, fugiram do local sem efetivar a subtração do veículo. A vítima alvejada foi encaminhada para o Hospital Evangélico, onde foi prontamente atendida, sobrevivendo ao disparo efetuado pelo denunciado.

O artigo 157, parágrafo 3º, do Código Penal, que trata de latrocínio, prevê:

"Art. 157. Subtrair coisa móvel alheia, para si ou para outrem, mediante grave ameaça ou violência a pessoa, ou depois de havê-la, por qualquer meio, reduzido à impossibilidade de resistência:

Pena – reclusão, de 4 (quatro) a 10 (dez) anos, e multa.

[…].

§3º Se da violência resulta lesão corporal grave, a pena é de reclusão, de 7 (sete) a 15 (quinze) anos, além da multa; se resulta morte, a reclusão é de 20 (vinte) a 30 (trinta) anos, sem prejuízo da multa."

A materialidade encontra-se provada através do Boletim de Ocorrência (mov. 1.3 – autos de inquérito policial, em apenso), do Auto de Avaliação (mov. 1.20 – autos de inquérito policial, em apenso), do Laudo de Exame de Lesões Corporais n. [núm.] (mov. 18.1), bem como pela prova oral colhida nos autos. A autoria, com relação ao acusado [nome do réu], igualmente se encontra demonstrada pelas provas coletadas durante a fase embrionária e durante a instrução processual. O acusado, em juízo, negou a autoria delitiva, declarando que na data dos fatos havia trabalhado com seu primo e chegou em casa por volta das 18h e saiu para jantar com sua esposa em uma lanchonete próxima a sua residência. Disse que no mês de maio estava trabalhando como pintor autônomo em um mercado e permanecia no local das 8h00min até as 17h30min, sendo que o próprio dono do estabelecimento fiscalizava o serviço. Relatou que foi preso pela tentativa de um furto de uma camionete [automóvel] (mov. 41.6).

A vítima [nome da vítima], na fase judicial, declarou que estava saindo da casa de seu cunhado e ligou a camionete quando viu o acusado com um revólver se aproximando. Disse que havia um segundo indivíduo que se deslocou até a porta do carona e retirou sua esposa de dentro do veículo enquanto o denunciado o mandou entregar o carro sob ameaças de que iria atirar. Relatou que chegou a oferecer dinheiro ao denunciado, mas ele disse que queria apenas o carro. Contou que não reagiu e saiu do veículo para entregá-lo, entretanto, mesmo assim o denunciado atirou e o atingiu, motivo pelo qual passou uma semana internado e mais dois meses sem trabalhar. Afirmou que após atirar, o réu e seu comparsa fugiram sem levar nada e uma semana depois apenas o denunciado foi preso pela prática de outro roubo, razão pela qual foi chamado para realizar seu reconhecimento. Explicou que na Delegacia de Polícia o réu foi colocado ao lado de outros três indivíduos em uma sala e, assim, o reconheceu através de suas características. Ao descrevê-lo, disse que na ocasião o indivíduo que realizou o disparo estava usando um moletom com capuz, era baixo, possuía cabelo curto, pele clara e tinha aproximadamente vinte anos de idade. Em juízo, reconheceu o denunciado (mov. 41.1).

A vítima [nome da vítima], em juízo declarou que estava saindo juntamente com seu marido a casa de seu irmão e estavam dentro do veículo quando dois indivíduos bateram no vidro anunciando o assalto.

Disse que o indivíduo que estava do seu lado abriu a porta e disse para ela sair que não iria acontecer nada. Afirmou que seu marido ofereceu dinheiro a eles, mas eles queriam o veículo. Relatou que seu marido saiu do veículo e quando estava saindo, ouviu o tiro do outro lado. Informou que o indivíduo que a abordou era novo, alto, encorpado, mas não viu o indivíduo que abordou seu marido, razão pela qual não realizou o reconhecimento na Delegacia de Polícia. Sustentou que o réu e o outro indivíduo não aparentavam estar sob efeito de álcool ou drogas e que eles fugiram sem levar nada (mov. 41.2).

O Delegado de Polícia [nome do delegado] declarou, na fase judicial, que dias depois do fato relatado na denúncia o filho da vítima compareceu na Delegacia para efetuar o Boletim de Ocorrência, pois seu pai estava internado, e foi orientado a levá-lo a prestar declarações assim que tivesse alta hospitalar. Disse que no mês de junho as vítimas compareceram na Delegacia de Polícia e prestaram as declarações e no dia seguinte estava de plantão quando o réu foi preso em flagrante pela prática de uma tentativa de furto de uma camionete antiga. Informou que, verificando o utilizado pelo réu, modus operandi através de suas características físicas e considerando que sempre atuava na subtração de camionetes antigas, deduziu que pudesse ser a mesma pessoa que havia praticado o fato contra as vítimas ouvidas no dia anterior, razão pela qual os chamou para comparecerem na Delegacia e realizarem o reconhecimento por fotografia do acusado. Posteriormente, as vítimas realizaram o reconhecimento pessoal do denunciado e também o reconheceram. As vítimas ainda foram encaminhadas para elaboração do retrato falado do outro indivíduo (mov. 41.3).

O Policial Militar [nome do policial], ouvido na fase judicial, declarou que receberam a ocorrência de que havia uma vítima de disparo de arma de fogo e ao chegarem ao endereço indicado, ela já havia sido socorrida pelo SAMU e encaminhada ao hospital, razão pela qual apenas tomaram as demais providências cabíveis em relação ao veículo e elaboração do Boletim de Ocorrência. Disse que viu a camionete e constatou que o para-brisa dianteiro estava trincado e havia um projetil no interior do veículo. Quanto à prisão do denunciado, disse desconhecer como ocorreu (mov. 41.4).

O Policial Militar [nome do policial], também presente na ocorrência, na fase judicial, confirmou os fatos narrados por seu colega de equipe, declarando que a princípio a ocorrência se tratava de tentativa de roubo com uma vítima baleada, no entanto, quando chegaram ao local, a vítima já havia sido socorrida e a camionete permaneceu no local. Disse que conversaram com os parentes da vítima que relataram que ela estava dentro do veículo estacionado quando foi abordada e estava descendo do veículo sem reagir quando foi alvejado. Informou que realizaram patrulhamento na região, mas não localizaram os elementos. Relatou que não pode afirmar se o réu é autor da tentativa de latrocínio, pois não sabe quais foram as circunstâncias de sua abordagem (mov. 41.5).

Pelo que existe nos autos, concluo que as provas colhidas determinam a procedência do pedido condenatório.

Ainda que o denunciado tenha negado a prática do delito, as demais provas colhidas – declarações da vítima [nome] – evidenciam claramente que o réu empunhando arma de fogo, praticou o crime de tentativa de latrocínio.

O reconhecimento efetivado pela vítima [nome], em juízo, além do reconhecimento na fase do inquérito policial, é fator determinante para a conclusão sobre a autoria do delito, isto porque descreveu com detalhes a maneira de agir do acusado, afirmando que após efetuar o disparo, o mesmo saiu correndo com seu comparsa com a arma em punho.

As palavras da vítima na fase embrionária e na judicial estão em harmonia, notadamente no que se refere ao reconhecimento do acusado como o autor do fato retratado na denúncia, contando com detalhes como foi abordada por ele, o qual estava armado com um revólver, e tentou subtrair seu veículo, vindo a desferir um disparo contra sua pessoa.

Nos crimes contra o patrimônio, de regra praticado às escondidas e na ausência de testemunhas, o reconhecimento do autor e a palavra da vítima, ainda que isolada, assume significativa eficácia probatória para dar suporte a uma decisão condenatória por possuir presunção de veracidade, porquanto a sua única finalidade é apontar o verdadeiro autor da infração. Ocorre que, mais do que ninguém, o ofendido tem interesse em descrever com clareza o fato e em fazer o reconhecimento do culpado e não imputar o fato criminoso a não importa quem, pois em nada lhe aproveitaria uma falsa e leviana incriminação de inocente.

Sobre a credibilidade das palavras da vítima, transcrevo as seguintes ementas:

"APELAÇÃO CRIME. Roubo duplamente majorado (art. 157, §2º, I e II, cp). (...) Palavra da vítima que (TJPR; ApCr[núm.] – tem grande importância nos crimes contra o patrimônio. (...)" 1; Matelândia; Terceira Câmara Criminal; Rel. [nome do juiz]; DJPR 08/05/2013; Pág. 631).

"APELAÇÃO CRIME. ROUBO QUALIFICADO (ART. 157, §2º, II, CP) (...) 1. A palavra da vítima, nos crimes às ocultas, em especial, tem relevância na formação da convicção do juiz sentenciante, dado o contato direto que trava com o agente criminoso. (STJ. HC 143681/sp. Dje 15/06/2010) (...)" (TJPR; ApCr [núm.]; Curitiba; Terceira Câmara Criminal; Rel. Juiz Conv. [nome do juiz]; DJPR 08/05/2013; Pág. 630).

"APELAÇÃO CRIME. Art. 157, §3º, 2ª parte, do Código Penal. (...) a palavra da vítima, no crime de roubo, é uma das provas mais valiosas para a convicção judicial, ainda mais quando os fatos são confirmados pelo depoimento testemunhal colhido durante a instrução probatória (...). (TJPR. AP. CR. n. [núm.], 5ª c. Cr. , Rel. [nome da juíza], j. Em 21.05.2009) (...) as declarações da vítima, apoiadas nos demais elementos dos autos, em se tratando de crimes cometidos sem a presença de outras pessoas, é prova válida para a condenação, [...] (...). (STJ. HC n. [núm.]/df, 5ª t., Rel. Minª [nome da juíza], j. Em 06/09/2007) (...)" (TJPR; ApCr [núm.]; Assis Chateaubriand; Quinta Câmara Criminal; Rel. Des. [nome do juiz]; DJPR 08/05/2013; Pág. 649).

A vítima contou com detalhes como se desenrolaram os fatos, confirmando que o réu tentou subtrair seu veículo e desferiu um disparo que lhe atingiu.

O réu não apresentou nenhuma prova em seu favor no sentido de desmerecer as palavras da vítima, não havendo nos autos qualquer motivo para que mentisse, incriminando gratuitamente pessoa que não conhecia.

A versão do acusado de que estava trabalhando na data dos fatos é controvertida e falha, e não merece credibilidade, pois não foi corroborada por meio de prova suficiente a dar sustentação a sua afirmação. O denunciado não trouxe aos autos qualquer testemunha capaz de afastar a imputação, não apresentando um mínimo indício a confirmar que não efetuou o disparo contra a vítima, e, do mesmo modo, a defesa não produziu prova capaz de suprimir as que convergem e certificam a sua imputabilidade. Para que um álibi enseje dúvida sobre a incriminação ou sua exclusão, se exige prova a ser produzida por quem o invoca (CPP, art. 156, 1º parte) e o réu não comprovou sua assertiva. Pela evidência do conjunto probatório, é impossível aceitar a versão apresentada pelo denunciado, posto que o álibi não restou comprovado, ao contrário, foi destituído pelos informes dos autos pois a vítima o reconheceu em juízo como o autor do delito descrito na denúncia.

Ressalte-se que o réu poderia ter arrolado seu primo ou sua esposa como testemunhas de defesa, uma vez que afirmou que naquela data havia trabalhado o dia inteiro com seu primo e a noite saiu para jantar com sua esposa, pessoas estas que poderiam confirmar sua versão.

Julio Fabbrini Mirabete ensina que: "Ônus da prova (ônus probandi) é a faculdade que tem a parte de demonstrar no processo a real ocorrência de um fato que alegou em seu interesse. Dispõe a lei que a prova da alegação incumbe a quem a fizer, princípio que decorre inclusive na paridade de tratamento das partes". (Código de Processo Penal Interpretado. 8ª ed., São Paulo: Atlas Jurídico, 2001, pág. 412).

Mesmo que o denunciado tenha negado a prática da tentativa de latrocínio em juízo, as demais provas colhidas – declarações das vítimas – evidenciam claramente que o réu tentou praticar o roubo, e ainda, que efetuou disparo de arma de fogo contra a vítima [nome].

Entendo que as provas colacionadas nos autos são objetivas e seguras, demonstrando de forma incontestável a responsabilidade criminal do acusado [nome do réu] quanto ao crime em análise, já que ao tentar praticar o roubo, efetuou o disparo que ocasionou ferimentos no ofendido – "A doutrina afirma ser indiferente que o resultado seja voluntário ou involuntário (preterdoloso). Isso significa que a exasperação da pena ocorre se o resultado adveio em face de conduta dolosa (dolo direto ou eventual) ou culposa, deixando-se ao julgador o ajuste das circunstâncias no momento da fixação da (Luiz Regis Prado. Curso de Direito Penal Brasileiro. 2ª edição, pena (Art. 59 do CP)." Editora Revista dos Tribunais, 2002, pág. 401).

O denunciado, portanto, efetuando disparos de arma de fogo contra a vítima [nome], praticou a tentativa de latrocínio descrito na denúncia.

O Ministério Público se desincumbiu de seu ônus, trazendo elementos comprobatórios da autoria e a materialidade, nos termos do art. 156 do Código de Processo Penal.

Constata-se que o denunciado não consumou o intento delitivo por circunstâncias alheias a sua vontade. O Código Penal define o crime tentado:

"Art. 14. Diz-se o crime:

I – [...];

II – tentado, quando, iniciada a execução, não se consuma por circunstâncias alheias à vontade do agente.

Parágrafo único: Salvo disposição em contrário, pune-se a tentativa com a pena correspondente ao crime consumado, diminuída de 1 (um) a 2/3 (dois terços)."

Na lição de Luiz Regis Prado "para a configuração da tentativa exige-se: a) início da execução; b) inocorrência do resultado por circunstâncias alheias à vontade do agente; c) dolo em relação a todos os elementos do tipo objetivo." (Curso de Direito Penal Brasileiro – 2ª edição – Editora Revista dos Tribunais – 2000, p. 293).

A tentativa é a realização incompleta do tipo objetivo, que não se realiza por circunstâncias independentes do querer do agente.

Pelas declarações das vítimas, constata-se que o réu não consumou seu intento delitivo, pois, ao efetuar o disparo e se evadir do local, visando evitar sua prisão, a morte não ocorreu em razão do atendimento médico.

Evidencia-se, portanto, que o acusado tentou praticar o crime de latrocínio descrito na denúncia. Logo, a conduta descrita na denúncia amolda-se à tipificação do art. 157, parágrafo 3º, parte final, c/c 14, inciso II, ambos do Código Penal, preenchendo os requisitos subjetivos e objetivos para a configuração do crime de tentativa de latrocínio.

Finalmente, no que tange a pretensão do Defensor de reconhecimento de ausência de animus necandi, com o devido respeito, entendo que razão não lhe assiste, isto porque, além da intenção de subtrair o veículo das vítimas, tentou contra a vida de uma delas ao efetuar um disparo com a arma de fogo, em região vital (tórax, do lado esquerdo, onde se localiza o coração), que por circunstâncias alheias a sua vontade acabou não causando sua morte (haja vista o atendimento médico), de modo que encontra-se devidamente caracterizado o dolo em atingir dois bens jurídicos diferentes (vida e patrimônio), amoldando-se, assim, perfeitamente ao disposto na parte final do §3º do art. 157 do Código Penal.

Entendo que restou comprovada a intenção de matar do agente, haja vista ter sido o revólver direcionado contra a vítima e acionado o gatilho, vindo a atingi-la na região do tórax, do lado esquerdo (região do coração), configurando o delito de latrocínio na modalidade tentada, pois é inegável que a morte não foi visada, haja vista a região atingida (região vital).

Sobre caso semelhante, destaco a seguinte ementa:

"REVISÃO CRIMINAL – CONDENAÇÃO PELA PRÁTICA DO CRIME DE LATROCÍNIO TENTADO (ART. 157, §3º (PARTE FINAL), C/C ART. 14, INCISO II, AMBOS DO CÓDIGO PENAL) – PRETENSÃO DE DESCLASSIFICAÇÃO PARA O DELITO CAPITULADO NO ART. 157, §1º, DO CP OU ALTERNATIVAMENTE PARA O §2º, INCISOS I E II, DO REFERIDO ARTIGO – ALEGAÇÃO DE INSUFICÊNCIA DE PROVAS A CONFIGURAR O ANIMUS NECANDI – INOCORRÊNCIA NA ESPÉCIE – DISPAROS EFETUADOS CONTRA A CABEÇA DA VÍTIMA POR CORRÉU – APLICAÇÃO DA CAUSA DE DIMINUIÇÃO DE PENA EM SEU MÁXIMO (2/3), TENDO EM VISTA O ITER CRIMINIS PERCORRIDO – IMPOSSIBILIDADE – MERA REPETIÇÃO DE ARGUMENTOS JÁ TRATADOS EM APELAÇÃO CRIME – INEXISTÊNCIA DE PROVAS NOVAS – PEDIDO CONHECIDO" (TJPR – 4ª C. Criminal em Composição Integral – E JULGADO IMPROCEDENTE" RCACI – 1190752-9 – Foro Central da Comarca da Região Metropolitana de Curitiba – Rel.: [nome do juiz] – Unânime – J. 31.07.2014).

Dessa forma, comprovada a materialidade do crime de tentativa de latrocínio e sendo certa a sua autoria na pessoa do acusado [nome do réu], presentes as elementares do tipo penal e verificada a inexistência de causas excludentes da antijuridicidade ou de causas dirimentes da culpabilidade, deve ser condenado pela prática do crime descrito no art. 157, parágrafo 3º, parte final, do Código Penal.

III – DISPOSITIVO

Ante ao exposto, julgo procedente a denúncia para o fim de condenar o réu [nome] nas sanções do artigo 157, parágrafo 3º, parte final, c/c artigo 14, inciso II, ambos do Código Penal. Passo à fixação das penas, observadas as diretrizes do artigo 59 e 68 do Código Penal.

Quanto à culpabilidade, agiu o réu com plena consciência visando a prática do roubo majorado exercido com emprego de arma de fogo, sendo elevado o grau de sua culpabilidade em busca do resultado criminoso, pois tinha na ocasião dos fatos, pleno conhecimento da ilicitude de seu proceder, sendo-lhe exigida conduta diversa, tornando-se elevado o grau de sua culpabilidade – a qual representa em seu sentido lato, ou seja, aquela que se revela na reprovação social que o crime e o autor do fato merecem – uma vez que a conduta perpetrada pelo denunciado afrontou os valores éticos da sociedade, da liberdade individual e do respeito ao patrimônio alheio. O réu é primário e não apresenta antecedente (mov. 50.1).

Não há nos autos elementos para aferição segura de sua personalidade e de sua conduta social. Os motivos do crime foram a busca do lucro fácil em detrimento do patrimônio alheio, normal para o fato em análise. As circunstâncias do crime – emprego de arma de fogo e concurso de agentes – extrapolam ao tipo penal em análise, pois certamente causam maior temor e dano nas vítimas, reduzindo a capacidade de reação e aumento a possibilidade de vitória do criminosos, elementos a serem valorados negativamente na pena-base. A consequência foi o prejuízo material, pois o para-brisa do veículo foi quebrado e pelo fato de a vítima ter permanecido sem trabalhar durante dois meses diante dos ferimentos causados pelo disparo da arma de fogo, deixando de auferir valores para compor sua renda, além do abalo emocional a quem passa por tal experiência. As vítimas em nada colaboraram para a eclosão dos acontecimentos.

Considerando que as circunstâncias judiciais são, em parte, desfavoráveis, fixo a pena-base acima do mínimo legal, em 25 (vinte e cinco) anos de reclusão e em 13 (treze) dias-multa, representando um acréscimo de 1/8 para cada circunstância judicial avaliada negativamente.

Não há atenuantes.

Levando em consideração a existência da circunstância agravante – crime cometido contra maior de 60 (sessenta) anos (CP, art. 61, II, "h") –, aumento as penas em 1/6, representando reprimendas provisórias de 29 (vinte e nove) anos e 2 (dois) meses de reclusão e 15 (quinze) dias-multa.

Não há causa especial de aumento de pena.

Levando em conta a causa geral de diminuição prevista no artigo 14, inciso II, do Código Penal e considerando-se o percorrido iter criminis pelo agente (abordou a vítima a fim de subtrair seu veículo, efetuou os disparos que colocaram em risco sua vida e se evadiu, permanecendo aquela internada em hospital e submetida a intenso tratamento para evitar a morte), e observado que "O nosso Código adotou a doutrina objetiva. É o que contém no art. 14, parágrafo único: pune-se a tentativa com a pena correspondente ao crime consumado, diminuída de um a dois terços. A diminuição de um a dois terços não decorre da culpabilidade do agente (CP, art. 59, caput), mas da própria gravidade do fato constitutivo da tentativa. Quanto mais o sujeito se aproxima da consumação menor deve ser a diminuição da pena (um terço); quanto menos ele se aproxima da consumação maior deve ser a atenuação (dois terços)." (Damásio E. e Jesus – Direito Penal, Saraiva, 1998, p. 333). "Um delito compõe-se de uma série de atos que restarem por praticar, no afã de consumar o delito, tanto maior deverá ser, por consequência, a imputação neste sentido. A diminuição da imputação da tentativa caminha sempre numa relação proporcional à imputação que seria dada ao delito se perfeito fosse e em relação à qualidade e quantidade da própria tentativa." (Zaffaroni – Da tentativa. 4º Ed., São Paulo: Editora Revista dos Tribunais, 1995, p. 127), diminuo daquele quantum 1/3 (um terço), pois o evento morte chegou bem próximo de ocorrer, fixando-a definitivamente em 19 (dezenove) anos, 05 (cinco) meses e 10 (dez) dias de reclusão e 10 (dez) dias-multa, arbitrando cada dia-multa em 1/30 do salário mínimo vigente à época dos fatos, devidamente corrigido (CP, art. 49, parágrafo 2º), presumindo a difícil condição financeira do sentenciado, a ser atualizado por ocasião do efetivo pagamento (CP, art. 49, parágrafo 2º), que deverá ocorrer no prazo de dez dias contados do trânsito em julgado desta sentença (CP, art. 50).

Atendendo-se as circunstâncias judiciais e o montante de pena, o réu [nome] cumprirá a pena privativa de liberdade em regime inicial fechado (CP, art. 33, parágrafo 1º, 'a', parágrafo 2º, 'a', parágrafo 3º, 35 e §§), por entender ser necessário e suficiente para prevenção e reprovação do grave crime cometido, inclusive mais eficaz sob o ponto de vista pedagógico – prejudicando, uma vez que incompatível à espécie, a substituição por pena restritiva de direitos (CP, art. 44, I) ou, ainda, a aplicação de sursis, isto porque a pena imposta se mostra superior a dois anos (CP, art. 77, caput).

Oportunamente, deverá ser computado na pena privativa de liberdade o tempo de prisão provisória, nos termos do artigo 42 do Código Penal, observando-se que não é possível a imediata progressão de regime prisional nos termos do artigo 387, parágrafo 2º, do Código de Processo Penal, pelo reconhecimento da detração, tendo em vista que está encarcerado a pouco mais de três meses.

Conforme disposição do artigo 387, §1º, do Código de Processo Penal, alterado pela Lei n. 11.716/2008, deve o Juiz, ao proferir a sentença, decidir acerca da manutenção da prisão preventiva quando se tratar de réu custodiado provisoriamente. São requisitos para a decretação da prisão preventiva, além daqueles estabelecidos no artigo 312 do Código de Processo Penal, quando inadequadas ou insuficientes as medidas cautelares previstas no artigo 319 da lei processual penal. Assim, a partir da vigência da nova forma procedimental, se admite a prisão preventiva em face da prática dos delitos e nas circunstâncias elencadas no artigo 313 do Código de Processo Penal (crimes dolosos com pena privativa de liberdade máxima superior a quatro anos; condenação por outro crime doloso, com sentença transitada em julgado; pela prática de delitos com violência doméstica e familiar contra mulher, criança, adolescente, idoso, enfermo ou pessoa com deficiência e existência de dúvida acerca da identidade civil da pessoa ou quando esta não fornecer elementos suficientes para esclarecê-la). Com isso, se observa que a nova lei traz como fim precípuo o caráter excepcional da prisão preventiva. Nos termos da legislação em vigor, a primeira exigência para a decretação da prisão preventiva é a materialidade do crime, ou seja, a existência que comprova a ocorrência do fato criminoso. De modo que, exigindo o texto legal a prova da existência do crime, não se justifica a custódia por mera suspeita ou indícios da ocorrência de um ilícito penal.

Igualmente, também se exige indícios suficientes de autoria, ou seja, elementos probatórios ainda que não concludentes ou que conduzam a certeza da autoria. Está previsto no artigo 312 do Código de Processo Penal, que a prisão preventiva funda-se na garantia da ordem pública e/ou econômica, por conveniência da instrução criminal, ou para assegurar a aplicação da lei penal.

No que toca ao primeiro requisito, a cautela é exigida para o fim de evitar que o delinquente pratique novos crimes, quer porque se observe que seja propenso a prática delituosa, quer porque em liberdade poderá encontrar os mesmos estímulos relacionados a infração cometida. Conforme ensinamentos doutrinários, a simples repercussão do fato sem outras consequências, não se constitui em motivo suficiente para a decretação da custódia cautelar, mas estará justificada se o acusado apresenta periculosidade, na perseverança de ações delituosas, ou quando se constata na prática do crime perversão, malvadez, cupidez e insensibilidade moral.

Referentemente a necessidade da segregação por conveniência da instrução criminal, esta decorre da efetiva necessidade de assegurar a prova processual contra a ação do criminoso que pode fazer desaparecer provas do crime, apagando vestígios, subornando, e ameaçando testemunhas, além de outras manobras ilegais. E, finalmente, o asseguramento à aplicação da lei penal decorre da possibilidade de, em liberdade, o réu fugir para local incerto e desconhecido.

Dessa forma, em que pese o ora condenado seja primário, constatando-se que foi preso preventivamente e permaneceu encarcerado durante a instrução processual, em razão de que não há comprovação efetiva de que possua residência fixa e exerça atividade laboral lícita e que a ação mostrou que é dotado de grande periculosidade, demonstrando perversão e insensibilidade moral, tendo em vista o regime conferido para o cumprimento da pena, não havendo alteração dos motivos que ensejaram sua custódia cautelar e sendo essa essencial para a garantia da ordem pública e aplicação da lei penal, mantenho sua prisão preventiva, nos termos do art. 387, §1º, do Código de Processo Penal.

Renove-se o mandado de prisão, via sistema e-Mandado, nos termos da determinação da Corregedoria-Geral da Justiça.

Antes do trânsito em julgado desta decisão, expeça-se guia de recolhimento provisória, para que o condenado seja imediatamente implantado no regime fechado – enquanto aguarda julgamento de eventual recurso.

Condeno o sentenciado ao pagamento das custas processuais, observando-se que se trata de beneficiário de assistência judiciária (Lei n. 1.060/50).

Inexistindo pedido formal do Ministério Público e do ofendido para fixação de valor mínimo para reparação dos danos, e ausente qualquer discussão sobre esse tópico no transcurso da instrução processual que possibilite delinear a quantia indenizatória, não há como atender ao disposto no artigo 387, inciso IV, do Código de Processo Penal. "é fundamental haver, durante a instrução criminal, um pedido formal para que se apure o montante civilmente devido. [...] A parte que o fizer precisa indicar valores e provas suficientes a sustentá-los. A partir daí, deve-se proporcionar ao réu a possibilidade de se defender e produzir contraprova, de modo a indicar valor diverso ou mesmo a apontar que inexistiu prejuízo material ou moral a ser reparado [...]." (Nucci, Guilherme de Souza. Código de Processo Penal Comentado. 8. ed. São Paulo: Revista dos Tribunais. 2008, p. 691).

Comuniquem-se as vítimas, remetendo-se cópia desta decisão, nos termos do artigo 201, parágrafo 2º, do Código de Processo Penal, certificando-se o cumprimento.

Após o trânsito em julgado desta sentença:

a) Remetam-se os autos ao cartório contador para o cálculo da multa e das custas processuais, intimando-se o réu para pagamento em 10 (dez) dias (CP, art. 50 e CPP, art. 686).

b) Expeça-se guia de recolhimento para execução da(s) pena(s) (art. 674 do CPP e art. 105 da LEP), com observância do disposto nos arts. 106 e 107 da LEP, art. 676/681 do CPP e Código de Normas da Corregedoria Geral da Justiça. Oficie-se.

c) Oficie-se ao Juízo Eleitoral, comunicando-se desta decisão, nos termos do artigo 15, inciso III da Constituição Federal (CN, item 6.15.3).

Procedam-se as comunicações necessárias e cumpram-se as disposições contidas no Código de Normas da Corregedoria Geral da Justiça (CN, Capítulos 6 – seção 15 – e Capítulo 7).

Publique-se. Registre-se. Intimem-se.

Curitiba, 30 de Setembro de 2014.

[nome do juiz]
Juiz de Direito

Nota: Texto extraído do acervo do sistema de intranet do Tribunal de Justiça do Estado do Paraná – Judwin.

Acórdão

APELAÇÃO CÍVEL n. 1285791-5, DA COMARCA DE BARBOSA FERRAZ JUÍZO ÚNICO
  APELANTE: [nome da parte]
  APELADA: [nome da parte]
  RELATOR: DES. [nome do juiz]

APELAÇÃO CÍVEL RESPONSABILIDADE CIVIL AÇÃO DECLARATÓRIA DE INEXISTÊNCIA DE RELAÇÃO JURÍDICA C/C INDENIZAÇÃO POR DANOS MORAIS INSCRIÇÕES ANTERIORES QUE TAMBÉM FORAM QUESTIONADAS JUDICIALMENTE SÚMULA n. 385 DO STJ INAPLICÁVEL INDENIZAÇÃO POR DANO MORAL DEVIDA HONORÁRIOS ADVOCATÍCIOS MAJORADOS PARA 15% SOBRE O VALOR DA CONDENAÇÃO RECURSO PARCIALMENTE PROVIDO

VISTOS, relatados e discutidos estes autos de Apelação Cível n. 1285791-5, da Comarca de Barbosa Ferraz, Juízo Único, em que é apelante [nome da parte] e apelada [nome da parte].

1. Relatório

Trata-se de recurso de apelação interposto contra sentença proferida nos autos de ação declaratória de inexistência de relação jurídica c/c indenização por danos morais n. 239/2010, na qual o MM Magistrado a quo julgou parcialmente procedente o pedido do autor, a fim de declarar inexistente a relação jurídica entre as partes afastando a condenação por danos morais.

Custas pro rata e honorários advocatícios fixados em R$ 1.000,00 (mil reais).

Como razões de sua irresignação, sustenta o apelante que: é devida a indenização por dano moral, pois simultaneamente a esta ação ingressou com mais cinco ações para questionar as demais inscrições indevidas; a Súmula n. 385 do STJ é inaplicável ao caso, pois esta apenas tem incidência nas ações ajuizadas contra os órgãos de proteção ao crédito quando este deixa de realizar a notificação prévia; os honorários advocatícios devem ser majorados para 20% sobre o valor da condenação. Requer o provimento do recurso para que seja arbitrada indenização por dano moral no patamar de R$ 20.000,00 (vinte mil reais) e para que os honorários advocatícios sejam majorados para 20% sobre o valor da condenação.

Recurso recebido no duplo efeito (fls. 238).

Contrarrazões às fls. 242/248.

É o relatório, em síntese.

2. Voto

Presentes os pressupostos recursais de admissibilidade intrínsecos (legitimidade, interesse, cabimento e inexistência de fato impeditivo e extintivo), e extrínsecos (tempestividade e regularidade formal), conheço do recurso.

O apelante/autor ajuizou a presente ação declaratória de inexistência de relação jurídica c/c indenização por danos morais em face de [nome da parte], sustentando que ao tentar adquirir medicamentos, foi surpreendido com a existência da restrição no seu nome.

A ação foi julgada parcialmente procedente para declarar inexistente a relação jurídica entre as partes, afastando-se, contudo, a indenização por danos morais almejada, ao fundamento da existência de inscrições anteriores.

De fato, é incontroverso que outras empresas também realizaram a indevida inscrição do nome do apelante/autor nos cadastros de proteção ao crédito.

A respeitável sentença consignou que as demais inscrições indevidas, mesmo sendo discutidas também judicialmente, por serem anteriores, afastariam o dano moral no presente caso.

Nestes termos consignou o ilustre Magistrado a quo (fls. 183-v):

"Conforme se afere dos documentos das fls. 17-19, o autor possui inúmeros registros lançados em seu nome. Embora alega que todos são indevidos, inclusive afirmando já ter ajuizada uma ação para cada registro, fato é que o registro positivado pelo demandado não foi o primeiro. Ou seja, havia outros registros negativando o nome da demandante em rol de inadimplentes, atraindo o disposto no verbete da súmula n. 385 do STJ.

Aduza-se, outrossim, que não é razoável, até para o fim de evitar o enriquecimento ilícito do autor, que venha a ajuizar uma dezena de ações objetivando ver-se ressarcido pelo mesmo dano moral sofrido. Seria o equivalente a uma dupla/tripla senão quádrupla indenização pelo mesmo fato, o que não ressoa no ordenamento pátrio."

Entretanto, a meu ver, a existência de outras anotações do nome do apelante/autor em cadastros de inadimplência não detém o condão de validar a inscrição indevida, muito menos de legitimar o ato ilícito.

Insta ressaltar, que conforme demonstrado nos autos, as demais inscrições são efetivamente indevidas, pois, ao serem discutidas judicialmente, já foram objeto de acordo e até mesmo condenação.

Por conseguinte, tenho que não se aplica a Súmula n. 385 do STJ no caso em tela.

Em consonância, colaciono os seguintes arestos o Superior Tribunal de Justiça:

"AGRAVO REGIMENTAL NO AGRAVO EM RECURSO ESPECIAL. INSCRIÇÃO INDEVIDA EM CADASTROS DE INADIMPLENTES. FRAUDE PRATICADA POR TERCEIROS. AUSÊNCIA DE CAUTELA DA EMPRESA. DANO MORAL CONFIGURADO. INDENIZAÇÃO DEVIDA. HIPÓTESE EM QUE NÃO SE APLICA A SÚMULA 385/STJ. AGRAVO REGIMENTAL DESPROVIDO.

1. "O fato de o evento lesivo decorrer de fraude praticada por terceiro não elide a responsabilidade da agravante, sendo remansoso o entendimento deste Superior Tribunal no sentido de que cabe à empresa verificar a idoneidade dos documentos apresentados, a fim de evitar danos a terceiros na entabulação de negócios financeiros." (AgRg no AREsp [núm.]/DF, Relatora a Ministra[nome da juíza], DJe de 28/11/2013).

2. A Súmula 385 do Superior Tribunal de Justiça somente é aplicável às hipóteses em que a indenização é pleiteada contra o órgão mantenedor do cadastro de proteção ao crédito, que deixa de providenciar a notificação prevista no art. 43, parágrafo 2º, do CDC antes de efetivar a anotação do nome do devedor no cadastro. Precedentes.

3. Agravo regimental a que se nega provimento." (AgRg no AREsp [núm.]/SP, Rel. Ministro [nome do juiz], QUARTA TURMA, julgado em 05/08/2014, DJe 21/08/2014).

"AGRAVO REGIMENTAL EM AGRAVO EM RECURSO ESPECIAL. INSCRIÇÃO INDEVIDA. DANO MORAL.

PRESUNÇÃO. ANOTAÇÃO ANTERIOR. INDEVIDA. ENUNCIADO 385 DA SÚMULA/STJ. NÃO APLICAÇÃO. NÃO PROVIMENTO.

1. A jurisprudência pacífica deste Superior Tribunal de Justiça entende que o dano moral, oriundo de inscrição ou manutenção indevida em cadastro de inadimplentes, prescinde de prova, configurando-se in reipsa, visto que é presumido e decorre da própria ilicitude do fato.

2. Sendo a inscrição anterior, também, indevida não há que se falar em aplicação do enunciado 385 da Súmula/STJ.

3. Agravo regimental a que se nega provimento." (AgRg no AREsp [núm.]/RS, Rel. Ministra [nome da juíza], QUARTA TURMA, julgado em 14/05/2013, DJe 22/05/2013).

Note-se que a inscrição em cadastro de restrição ao crédito prejudica e/ou agrava a situação de qualquer consumidor, possuindo ou não anotação anterior, ainda que regular.

O que não se admite é o fato de empresas fornecedoras de produtos e serviços, instituições bancárias e manutenção de cadastros de inadimplência agirem com desídia e desprovidas de cautela para com seus consumidores de modo a intervir de maneira relevante em suas vidas sociais, haja vista o caráter sancionador que a indenização também possui.

Nesse diapasão, dispõe o Código Civil Brasileiro:

"Art. 186. Aquele que, por ação ou omissão voluntária, negligência ou imprudência, violar direito e causar dano a outrem, ainda que exclusivamente moral, comete ato ilícito."

"Art. 927. Aquele que, por ato ilícito (arts. 186 e 187), causar dano a outrem, fica obrigado a repará-lo.

Parágrafo Único. Haverá obrigação de reparar o dano, independentemente de culpa, nos casos especificados em lei, ou quando a atividade normalmente desenvolvida pelo autor do dano implicar, por sua natureza, risco para os direitos de outrem."

Ademais, é cediço que o dano moral nos casos de inscrição indevida em cadastros de inadimplência é presumido. Acerca do tema, observe-se o entendimento jurisprudencial:

"APELAÇÕES CÍVEIS RESPONSABILIDADE CIVIL AÇÃO DE INDENIZAÇÃO POR DANOS MORAIS CONTRATAÇÃO COM DOCUMENTOS FALSOS INSCRIÇÃO INDEVIDA DO NOME DO AUTOR EM CADASTRO DE INADIMPLENTES RESPONSABILIDADE OBJETIVA DA INSTITUIÇÃO FINANCEIRA FATO DE TERCEIRO INOCORRÊNCIA – DANO MORAL CONFIGURADO SÚMULA 385, DO STJ INAPLICÁVEL NO CASO DÉBITOS QUE ORIGINARAM AS DEMAIS INSCRIÇÕES QUE ESTÃO SENDO QUESTIONADOS EM JUÍZO INDENIZAÇÃO DEVIDA. RECURSO DO AUTOR PROVIDO. RECURSO DO RÉU DESPROVIDO.

1. É indevida a inscrição do nome do suplicante em cadastro de proteção ao crédito, quando o débito registrado provém de contratação com terceiro, mediante fraude, que se utiliza indevidamente dos documentos pessoais do autor. Tal fato gera o dever da instituição financeira em indenizar, seja pelo enquadramento da sua atividade como de risco, nos termos do art. 927, parágrafo único, do Código Civil, pela aplicação do Código de Defesa do Consumidor, ou mesmo, ante a sua desídia no momento da contratação.

2. Não há que se falar em excludente de responsabilidade pelo fato de terceiro, uma vez que a falha na prestação de serviço pelo Banco, que celebrou avença com terceiro, de posse dos documentos do autor, foi o que desencadeou o evento lesivo.

3. De acordo com os elementos probatórios constantes dos autos, não se pode afirmar que as demais inscrições existentes em nome do autor são legítimas, o que afasta a aplicação da Súmula 385, do

STJ. Aliás, do que se vislumbra do feito, o demandante foi vítima de golpistas, que obtiveram crédito e cheques em seu nome, donde não é possível afirmar que se trata de devedor contumaz, para que recaia sobre ele os ditames da súmula supra.

4. A fixação do montante devido a título de dano moral fica ao prudente arbítrio do Juiz, devendo pesar, nestas circunstâncias, a gravidade e duração da lesão, a possibilidade de quem deve reparar o dano, e as condições do ofendido, cumprindo levar em conta que a reparação não deve gerar o enriquecimento ilícito, constituindo, ainda, sanção apta a coibir atos da mesma espécie." (TJPR – 10ª C. Cível – AC [núm.] – Manoel Ribas – Rel.: [nome do juiz] – Unânime – J. 19.04.2012).

"APELAÇÃO CÍVEL – DECLARATÓRIA DE INEXISTÊNCIA DE DÍVIDA CUMULADA COM INDENIZAÇÃO POR DANO MORAL – INSCRIÇÃO INDEVIDA EM SERVIÇOS DE PROTEÇÃO AO CRÉDITO – DOCUMENTOS FRAUDADOS – ABERTURA DE CONTA CORRENTE E CONCESSÃO DE CRÉDITO – SENTENÇA DE PROCEDÊNCIA – SERVIÇO NÃO CONTRATADO PELO REQUERENTE – DOCUMENTOS UTILIZADOS POR TERCEIROS PARA CONTRATAÇÃO DE EMPRÉSTIMO – TEORIA DO RISCO – DANO MORAL CONFIGURADO – QUANTUM INDENIZATÓRIO ADEQUADO – SENTENÇA MANTIDA – RECURSO AO QUAL SE NEGA PROVIMENTO." (TJPR – 8ª C. Cível – AC [núm.] – Londrina – Rel.: Juíza Subst. 2º G. [nome da juíza] – Unânime – J. 11.03.2010).

Assim, vez que flagrante a conduta ilícita adotada, a qual acabou por causar dano de natureza extrapatrimonial ao apelante/autor, devida é a indenização.

Impende consignar que indenizar significa reparar o dano causado à vítima integralmente, se possível; restaurando o status quo ante, isto é, devolvendo-a ao estado em que se encontrava antes da ocorrência do ato ilícito.

Entretanto, como nos casos de reparação dos danos morais se torna impossível tal escopo, busca-se uma compensação em forma de pagamento, consistindo esta num valor pecuniário prestado pelo ofensor, desfalcando seu patrimônio em proveito do ofendido, como uma satisfação pela dor que lhe foi causada injustamente.

O parâmetro adequado para mensuração da indenização por danos morais deve ter em vista a condição socioeconômica dos envolvidos, a intensidade da ofensa e sua repercussão, bem como deve se orientar pelo princípio da razoabilidade. Isto significa dizer que, se de um lado não se deve fixar um valor a permitir o enriquecimento da vítima, também não se pode aceitar um valor que não represente uma sanção efetiva ao ofensor.

Portanto, da análise das peculiaridades do caso concreto, sobretudo a existência de inscrições que geraram condenação e acordos em outras ações (fls. 192 e 195/235), o valor da indenização por danos morais é de ser arbitrado em R$ 5.000,00 (cinco mil reais), pois razoável para recompor os danos sofridos e suficiente para coibir a reiteração do ilícito. Referido valor deverá ser acrescido de correção monetária pelo INPC a partir deste acórdão e juros de mora de 1% (um por cento) ao mês a partir de 12/05/2008 (data da primeira inscrição indevida realizada pela apelada), nos termos da Súmula n. 54 do STJ.

Também merece provimento o recurso no tocante ao pedido de majoração dos honorários advocatícios, a fim de que sejam fixados, contudo, em 15% (quinze por cento) sobre o valor da condenação, com fundamento no art. 20, parágrafo 3º, do CPC, considerando o bom trabalho desenvolvido pelo advogado do recorrente, a demora para o deslinde da controvérsia (ação ajuizada em 2010) e a necessidade de interposição de recurso.

Ante o exposto, voto no sentido de dar parcial provimento ao recurso de apelação, a fim de condenar a apelada ao pagamento de indenização por dano moral no valor de R$ 5.000,00 (cinco mil reais), acrescidos de correção monetária pelo INPC a partir deste acórdão e juros de mora de 1% (um por cento) ao mês a partir da primeira inscrição indevida (12/05/2008), majorando os honorários advocatícios para 15% (quinze por cento) sobre o valor da condenação. Pela sucumbência, as custas processuais também deverão ser pagas unicamente pela apelada.

3. ACORDAM os Desembargadores da Nona Câmara Cível do Tribunal de Justiça do Estado do Paraná, por unanimidade de votos, em dar parcial provimento ao recurso de apelação, nos termos do voto do Desembargador Relator.

Participaram do julgamento a Senhora Desembargadora [nome da juíza] e o Senhor Juiz Substituto de 2º Grau [nome do juiz].

Curitiba, 05 de março de 2015.
DES. [nome do juiz] Relator

Nota: Texto extraído do acervo do sistema de intranet do Tribunal de Justiça do Estado do Paraná – Judwin.

Certidão

CERTIDÃO
PROCESSO DE EXECUÇÃO n. 0003132-66.2013.8.16.[núm.]
CERTIFICO E DOU FÉ que, nesta data, antes de proceder ao arquivamento, foi realizada a conferência dos dados contidos nos autos de processo de execução n. 0003132-66.2013.8.16.[núm.] e seus incidentes, especificadamente acerca da:

1. Qualificação completa do executado;
2. Numeração única;
3. Local de prisão;
4. Informações constantes na denúncia (qualificação, data do delito, prisão, se houve, verificando a detração);
5. Informações constantes na sentença (dispositivo legal);
6. Informações constantes na guia [data de soltura e prisões, confrontando com o atestado de permanência e conduta penitenciária e ficha de dados gerais do sentenciado (se preso em penitenciária – SEJU) e ficha de dados gerais do sentenciado (se preso em delegacia)];
7. Benefícios concedidos, não concedidos e em trâmite;

8. Data(s) de fuga/evasão, falta grave e descumprimento de condições;
9. Relatório de situação processual executória;
10. Atestado de trabalho ou estudo ou leitura.

Concluída a minuciosa verificação dos dados e realizada a necessária correção, atesta-se não haver irregularidades a serem sanadas.

Curitiba, 24 de Outubro de 2013.
[nome da técnica]
Técnico Judiciário

Nota: Texto extraído do acervo do sistema de intranet do Tribunal de Justiça do Estado do Paraná – Judwin.

Ofício

TRIBUNAL DE JUSTIÇA
Curitiba, 04 de setembro de 2008

Of. Gab. n. 11/2008
Excelentíssimo Senhor Presidente
Por meio deste e, em resposta ao ofício de n. 723/2007/GP, venho a informar que o Mandado de Segurança n. 429.080-8 encontra-se concluso e este Relator desde a data de 28 de julho próximo passado e, em data de hoje, foi encaminhado à Divisão de Processo Cível, Seção de Pautas, para inclusão em pauta de julgamento.

Sem mais, renovo meus votos de elevada estima e consideração.

DESEMBARGADOR [nome do juiz]
Ao Exm. Sr.
Desembargador [nome do juiz]
M. D. Presidente do Tribunal de Justiça de Estado do Paraná
Palácio da Justiça

Nota: Texto extraído do acervo do sistema de intranet do Tribunal de Justiça do Estado do Paraná – Judwin.

Requerimento

EXCELENTÍSSIMO SENHOR
DESEMBARGADOR PRESIDENTE DO TRIBUNAL DE JUSTIÇA

[nome da parte], matrícula [núm.], servidor (a) do Poder Judiciário, lotado no(a) Departamento Administrativo, vem à presença de Vossa Excelência, REQUERER exoneração, a partir de 08.01.2015, do cargo de Técnico Judiciário, que ocupa perante este Tribunal.

Em 07.05.2015

_____
Assinatura do(a) requerente

Ciente do superior hierárquico
Em ___/___/___

Nota: Texto extraído do acervo do sistema de intranet do Tribunal de Justiça do Estado do Paraná – Judwin.

Portaria

PORTARIA NORMATIVA n. 001/2011

O COORDENADOR GERAL DO DEPARTAMENTO PENITENCIÁRIO DO ESTADO DO PARANÁ, no uso das atribuições que lhe são conferidas pelo art. 4º, do Regimento Interno do DEPEN;

CONSIDERANDO o Termo de Cooperação Técnica firmado entre a Secretaria de Estado da Segurança Pública, a Secretaria de Estado da Justiça e Cidadania/Departamento Penitenciário, a Corregedoria-Geral da Justiça e o Tribunal de Justiça do Estado do Paraná;

CONSIDERANDO a necessidade de agilizar a execução dos serviços pelas unidades penais e garantir o cumprimento das decisões judiciais;

CONSIDERANDO a necessidade de modernizar o trâmite de informações entre o Departamento Penitenciário, Polícia Civil e o Poder Judiciário do Estado do Paraná e compor um sistema criminal integrado;

CONSIDERANDO a implementação e o compartilhamento de sistema eletrônico para cumprimento dos MANDADOS DE PRISÃO expedidos pelo Poder Judiciário do Estado do Paraná;

CONSIDERANDO que os Mandados de Prisão emanados pelos Juízes de Direito vinculados ao Tribunal de Justiça do Estado do Paraná serão gerados pelo sistema informatizado e, após assinados digitalmente, serão encaminhados eletronicamente aos Órgãos de Segurança Pública e Unidades Penais;

DETERMINA:

I – Que os Diretores de Unidades Penais, seus agentes e auxiliares, quando necessário, efetuem consultas referentes a Mandados de Prisão expedidos pelos Juízos de Direito vinculados ao Tribunal de Justiça do Estado do Paraná, diretamente no sistema online SESP/INTRANET/SRP/MP, devendo, em caso de cumprimento, imprimir-se duas vias da ordem, uma para o preso e uma para o arquivo da unidade penal, sendo que o conhecimento ao Juízo se dará por meio eletrônico, depois de confirmado no sistema o cumprimento pelo Diretor da Unidade Penal;

II – Que, quando do cumprimento do Mandado de Prisão, deverá o Diretor da Unidade Penal ou quem por esta for designado, verificar, por todos os meios disponíveis, quanto à existência de outros Mandados de Prisão expedidos em desfavor do preso, procedendo-se, conforme a situação, da maneira indicada no item anterior;

III – Que no caso de cumprimento de Mandado de Prisão expedido por Juízos não vinculados ao Tribunal de Justiça do Estado do Paraná, deverá a Autoridade Penitenciária comunicar o Juízo que o expediu, o Juízo da Execução Penal local e a Delegacia de Vigilância e Capturas da Capital, para as anotações devidas;

IV – Que em caso de fuga de preso, a Autoridade Penitenciária deverá proceder à imediata comunicação ao Juízo da Vara de Execuções Penais a que estiver vinculada o preso, a qual deverá emitir novo mandado de prisão e comunicar as autoridades competentes.

V – Que a Autoridade Penitenciária, seus agentes e auxiliares deverão, diariamente, proceder a consulta no sistema SRP/MP, a fim de verificar a existência de Mandados de Prisão expedidos que sejam de interesse de suas unidades penais;

VI – Que em caso de recebimento de Mandado de Prisão sigiloso, entregue diretamente à Autoridade Penitenciária por representante de Juízo vinculado ao Tribunal de Justiça do Estado do Paraná, esta, depois do devido cumprimento, deverá manter contato com o Juízo respectivo, a fim de que o Mandado seja disponibilizado no sistema, procedendo-se então, conforme disposto no item I;

VII – Que a Autoridade Penitenciária, no caso de recebimento de Mandados de Prisão de Juízos não vinculados ao Tribunal de Justiça do Estado do Paraná e que não estejam inseridos no sistema SESP/INTRANET/SRP/MP, deverão encaminhar cópia à Vara de Execuções Penais local e a Delegacia de Vigilância e Capturas da Capital para o seu cadastramento.

DÊ-SE CIÊNCIA E CUMPRA-SE

Curitiba, 10 de fevereiro de 2011.

[nome do coordenador]
COORDENADOR GERAL DO DEPARTAMENTO PENITENCIÁRIO

Nota: Texto extraído do acervo do sistema de intranet do Tribunal de Justiça do Estado do Paraná – Judwin.

Capítulo 1

Questões para revisão

1. Servidores públicos são pessoas que exercem função pública, mediante a investidura em cargo público ou emprego público nas administrações direta e indireta. "A relação de trabalho é de natureza profissional e de caráter não eventual sob o vínculo de dependência com as pessoas jurídicas de direito público". (Marinela, 2010, p. 544)

2. Mediante concurso público, de provas ou de provas e títulos, o indivíduo pode ser admitido na Administração Pública, desde que preencha os requisitos necessários para inscrição no concurso e seja aprovado conforme as normas estabelecidas no edital. Outra forma de ingresso na Administração Pública é por meio de cargos em comissão, em que os servidores são nomeados e exonerados *ad nutum*, ou seja, sem a necessidade de justificação.

3. b
4. d
5. b

Questões para reflexão

1. O assessor jurídico é um profissional com formação jurídica que atua na prestação de auxílio a juízes,

---

* Todas as fontes citadas nesta seção constam na lista final de referências.

respostas

promotores, desembargadores e procuradores de justiça. Consequentemente, o trabalho realizado por esse profissional se dá essencialmente no gabinete dos membros do Judiciário e Ministério Público. Suas funções primordiais consitem na elaboração de minutas de despachos, decisões, denúncias, pareceres, decisões monocráticas, relatórios e propostas de voto. Exerce também diversas outras funções, como triagem de processos, admissibilidade de recursos, pesquisas jurídicas e acompanhamento processual. Além disso, deve atender às partes, aos advogados, aos assessores e a outros funcionários que procurem o gabinete, informando, no que for possível, sobre o andamento de processos e decisões prolatadas.

O analista judiciário deve ter formação superior em diferentes áreas de graduação, entre elas o direito; ele atua no primeiro e segundo graus, tanto no assessoramento direto de magistrados e promotores quanto em departamentos específicos do Judiciário e do Ministério Público.

O técnico judiciário exerce diversas funções no Poder Judiciário e no Ministério Público. Embora a formação superior em Direito não seja necessária, o profissional deve ter conhecimento geral sobre a estrutura e o funcionamento dos poderes e do órgão em que atua.

A Lei Federal n. 11.416/2006 (Brasil, 2006c), que regula a carreira dos servidores do Poder Judiciário da União, prevê, em seu art. 8º, que o técnico judiciário deve ter formação em "curso de ensino médio, ou curso técnico equivalente, correlacionado com a especialidade, se for o caso". Suas atribuições, segundo o art. 4º da mencionada norma, restringem-se à "execução de tarefas de suporte técnico e administrativo".

Há interdependência entre os serviços prestados por esses profissionais, pois, sem a atuação do técnico na área administrativa e na movimentação processual, por exemplo, não se viabiliza aos analistas e assessores a atuação jurídica nos feitos. A importância dos servidores, portanto, refere-se à sua atuação primordial para movimentar a grande quantidade de processos, sempre com vistas a otimizar o serviço para que a prestação jurisdicional seja cada vez mais eficiente.

2. A jurisdição é a função do Estado, por meio do Poder Judiciário, de resolver os conflitos e garantir os direitos dos cidadãos. Esse poder é representado por vários órgãos e, por meio da competência de cada um deles, determina-se sua forma de atuação.

O duplo grau de jurisdição garante a possibilidade de revisão das decisões judiciais e, por isso, proporciona a possibilidade de correção de erros, conferindo, consequentemente, maior segurança jurídica às partes.

Capítulo 2

Questões para revisão

1. As atividades realizadas por assessores jurídicos, analistas judiciários e técnicos judiciários não são distintas, pelo contrário, são complementares e interdependentes. Suas funções acabam se confundindo, pois, ainda que o assessor e o analista tenham como atribuição primordial a atuação jurídica, também realizam tarefas administrativas e técnicas. Do mesmo modo, os técnicos judiciários que não têm formação jurídica podem auxiliar nessas tarefas, realizando pesquisas e estudos e fornecendo informações às partes e aos advogados.

2. A morosidade processual é um problema que aflige o Poder Judiciário como um todo; assim, o número crescente de feitos que tramitam na Justiça torna o assessoramento vital. É impossível, nos dias de hoje, imaginar a atividade de juízes sem o auxílio dos servidores. A função de assessoramento dos julgadores surge, também, como forma de combater a demora processual e, por consequência, de proporcionar o cumprimento de um prazo razoável de duração do processo.

3. a
4. d
5. b

Questões para reflexão

1. Na área judiciária, especialidade judiciária, é necessário

ter diploma ou certificado, devidamente registrado, de conclusão de curso superior em Direito, fornecido por instituição de nível superior e reconhecido pelo Ministério da Educação(MEC).

Na área judiciária, especialidade de oficial de justiça avaliador federal, exige-se diploma ou certificado, devidamente registrado, de conclusão de curso superior em Direito, fornecido por instituição de nível superior e reconhecido pelo MEC.

O analista da área de apoio especializado, especialidade de informática, deve ter diploma ou certificado, devidamente registrado, de conclusão de curso superior completo, em qualquer área de formação, fornecido por instituição de nível superior, reconhecido pelo MEC, acompanhado de curso de especialização com carga horária mínima de 360 (trezentos e sessenta) horas na área de Análise de Sistemas, ou qualquer curso superior de Informática, devidamente reconhecido.

Os requisitos para o exercício desses cargos, nas distintas especialidades, são necessários para que o agente público tenha condições mínimas de desenvolver suas funções e atribuições. A comprovação de conclusão de curso superior de Direito e Informática, dependendo da especialidade, demonstra que o servidor possui o conhecimento técnico para exercer o cargo.

2. Na especialidade administrativa, exige-se comprovante de conclusão de ensino médio ou equivalente, devidamente reconhecido por órgão competente para tal.

O técnico judiciário da especialidade de segurança e transporte deve apresentar comprovante de conclusão de ensino médio ou equivalente, devidamente reconhecido por órgão competente para tal, e carteira nacional de habilitação, no mínimo, categoria "D".

Na especialidade de contabilidade, é necessário ter concluído curso de ensino médio ou equivalente e Curso Técnico de Contabilidade, devidamente reconhecidos por órgão competente para tal, e registro no Conselho Regional de Contabilidade (CRC).

O técnico judiciário da especialidade de tecnologia da informação deve apresentar comprovante de conclusão de ensino médio ou equivalente, devidamente reconhecido por órgão competente para tal.

Os requisitos para o exercício desses cargos, nas distintas especialidades, são necessários para que o agente público tenha condições mínimas de desenvolver suas funções e atribuições. A comprovação de conclusão de curso de ensino médio ou equivalente, nas áreas determinadas, dependendo da especialidade, demonstra que o servidor possui o conhecimento técnico para exercer o cargo.

Capítulo 3

Questões para revisão

1. Justiça Federal, tribunais superiores, Justiça Estadual e Justiça especializada (Eleitoral, Militar e do Trabalho).
2. É competência da Justiça Estadual tudo o que não estiver afeto às outras Justiças. Assim, por exceção, o que não for da Justiça especial (Eleitoral, Militar e do Trabalho) nem da Justiça Federal é de competência da Justiça Estadual.
3. d
4. b
5. d

Questões para reflexão

1. No primeiro grau de jurisdição, os analistas judiciários e técnicos podem, dependendo da conveniência e da oportunidade, trabalhar em varas e gabinetes de juízes, escolhendo as matérias com as quais tenham maior identificação (civil, criminal, tributário, execução penal etc.). O mesmo ocorre no segundo grau, pois os assessores jurídicos e os técnicos judiciários, que em sua maioria têm formação jurídica, podem procurar atuar em gabinetes e secretarias de câmaras com cujas matérias tenham maior afinidade. Tal fato ocorre porque no curso de Direito, como acontece em diversos outros, a especialização é um caminho natural e, tanto na advocacia como na assessoria, por exemplo, é comum os profissionais buscarem aperfeiçoamento profissional em determinado ramo do conhecimento.

2. O atendimento ao público está diretamente relacionado com um dos princípios que regem a Administração Pública, previsto no art. 37 da Constituição Federal: o princípio da eficiência. A importância do atendimento ao público no Poder Judiciário é acentuada pelo fato de que, por muitas vezes, esse é o primeiro contato direto do cidadão com a Justiça.

A eficiência é um elemento essencial na representatividade da qualidade do atendimento. Nos dias de hoje, aquele que procura os serviços públicos é o mesmo que consome produtos de alta tecnologia e que não deseja mais conviver com procedimentos lentos, burocráticos e desatualizados, muito menos com funcionários despreparados e mal-humorados.

Somado a isso, há o fato de que o cidadão que procura os serviços públicos (no caso, o acesso à Justiça) é aquele que paga por tais serviços, seja por meio de tributos, seja pelas próprias custas processuais. Assim, a Administração Pública deve buscar conciliar eficiência e qualidade nos serviços de atendimento ao público, com a capacitação dos servidores que atuam especificamente nessa função, bem como dispor de funcionários suficientes para a demanda de determinados locais de atendimento.

Capítulo 4

Questões para revisão

1. Na Justiça Federal, esses três profissionais atuam tanto no primeiro quanto no segundo grau de jurisdição, desempenhando funções correspondentes a sua qualificação. Na Justiça Estadual, por sua vez, os analistas judiciários atuam exclusivamente no primeiro grau e os assessores jurídicos somente no segundo grau, nos Tribunais de Justiça. Os técnicos judiciários atuam em ambos os graus de jurisdição, ou seja, tanto nas comarcas quanto nos tribunais.

2. No primeiro grau, a atividade final do julgador é a decisão, a resolução do conflito de interesses que as partes, os envolvidos, levam até ele na busca de uma solução legal. O analista judiciário e o técnico judiciário

prestam assessoramento ao julgador para que este tenha condição de resolver o maior número possível de conflitos, sem deixar de primar pela qualidade técnica das decisões. Nessa ação, o analista judiciário pode participar dos atos processuais, analisar o processo detalhadamente e, se for a orientação do magistrado ao qual atende, elaborar uma proposta de sentença. O técnico judiciário que atua no assessoramento do gabinete do juiz somente pode realizar essa mesma atividade se tiver formação superior no curso de Direito. Quando não é este o caso, o técnico pode auxiliar nas atividades administrativas do gabinete, na movimentação processual, na organização de pautas de audiência etc., mas, evidentemente, não pode elaborar peças jurídicas.

3. d
4. a
5. c

Questões para reflexão

1. Em ambos os casos os assessores buscam auxiliar o julgador na prestação jurisdicional. No primeiro grau, os analistas e os técnicos ajudam o juiz a realizar audiências, despachar processos, proferir decisões interlocutórias, sentenças etc. No segundo grau, os assessores e os técnicos judiciários auxiliam os desembargadores em sua prestação jurisdicional, realizando pesquisas, atendendo partes e advogados, formulando minutas de votos etc. A diferenciação está no assessoramento de segundo grau, pois, tendo em conta os diversos departamentos do Tribunal de Justiça, que controla todo o Poder Judiciário estadual, faz-se necessária a atuação em diversas áreas (administrativa, econômico-financeira, patrimônio etc.).

2. São funções do secretário de desembargador (Paraná, 2015, p. 266): receber e expedir a correspondência pessoal do desembargador e do gabinete; controlar o recebimento e a saída dos processos, petições e outros expedientes; organizar o fichário de jurisprudência, bem como a compilação dos acórdãos em livros próprios; representar o desembargador em solenidade,

quando designado; e exercer outras atividades determinadas pelo desembargador. Para o exercício do cargo de secretário de desembargador não é exigida formação jurídica, o que não quer dizer que em suas atividades não esteja envolvido o assessoramento. O conhecimento é necessário para controlar a movimentação de processos, petições e outros expedientes, organizar o fichário de jurisprudência e, até mesmo, auxiliar nas atividades do gabinete.

Os diretores de departamento dos tribunais de justiça têm funções relativas aos departamentos que dirigem, como o Departamento Judiciário, o de Gestão de Recursos Humanos e o Econômico-Financeiro. A diferença de atuação desses servidores é que o secretário auxilia o desembargador e os servidores de seu gabinete em suas atividades jurisdicionais, enquanto os diretores de departamento comandam diversos servidores que atuam em diferentes áreas, possibilitando o funcionamento administrativo do tribunal.

Capítulo 5
Questões para revisão

1. A ética constitui um conjunto de valores morais e princípios que norteiam a conduta humana na sociedade. A atuação do servidor público deve ser pautada nos princípios da legalidade, da impessoalidade, da moralidade, da publicidade e da eficiência, para, com isso, representar a prestação de um serviço público de qualidade.

2. O assessor jurídico, o analista judiciário e o técnico judiciário que atuam, por exemplo, no assessoramento de gabinete, por seu dever de sigilo profissional, não devem comentar aleatoriamente, com servidores de outros setores e pessoas fora do ambiente de trabalho, sobre o teor dos processos a que têm acesso. As ações, mesmo que não estejam protegidas por segredo de justiça, dizem respeito somente às partes e ao Poder Judiciário, não devendo, a não ser que haja algum interesse público para tanto, ser noticiadas.

3. d

4. b
5. a

Questões para reflexão

1. Os assessores jurídicos, os analistas judiciários e os técnicos judiciários têm acesso privilegiado às informações dos processos, portanto suas funções são incompatíveis com a advocacia.

    Se o servidor ou funcionário público, valendo-se de sua condição, defende interesse alheio, legítimo ou ilegítimo perante a Administração Pública, comete o crime de advocacia administrativa, previsto no art. 321 do Código Penal (Brasil, 1940).

    O exercício regular da advocacia, no entanto, não representa impeditivo ao ingresso nos cargos de assessor jurídico, analista judiciário ou técnico judiciário. Basta a pessoa solicitar a suspensão de sua inscrição perante a OAB antes de assumir qualquer um dos cargos no Poder Judiciário.

2. A não preservação das informações sigilosas constitui infração administrativa disciplinar prevista na Lei n. 8.112/1990 (Brasil, 1991) e está sujeita à sanção "(i) de advertência, em caso de violação do dever de discrição ou de reserva (prescrito no art. 116, VIII – guardar sigilo sobre assunto da repartição), ou (ii) de demissão, em caso de violação do dever de segredo (prescrito no art. 132, IX – 'revelação de segredo do qual se apropriou em razão do cargo')" (Dezan, 2012).

    O dever de sigilo por parte do servidor não se contrapõe à publicidade dos atos administrativos. São situações distintas que não se confundem, pois, obedecidos os procedimentos oficiais para o conhecimento público, todos têm direito ao acesso de dados ou registros documentais administrativos. Ocorre que existem também informações da Administração Pública que não podem ser divulgadas, seja para proteger a sociedade, seja para resguardar a própria Administração Pública.

Capítulo 6

Questões para revisão

1. A doutrina caracteriza-se como um conjunto de princípios, ideias e ensinamentos de autores e juristas que influenciam e fundamentam as decisões judiciais, servindo de base para o direito. É aplicada também na interpretação das leis, fixando as diretrizes gerais das normas jurídicas. A doutrina jurídica, também chamada de *direito científico*, compõe-se de estudos e teorias contidos em livros, monografias e artigos e tem o objetivo de sistematizar e explicar os temas relativos à matéria do direito.

2. A jurisprudência, de forma simplificada, representa o posicionamento do Judiciário com relação à aplicação do direito aos casos concretos. São as decisões reiteradas, proferidas por um órgão julgador, em que no mínimo três magistrados devem proferir seus votos.

   O termo *jurisprudência* vem de *iurisprudentia*, da época clássica romana, que tem o sentido de direito dos escritos dos *iuris prudentes*, ou conhecedores do direito. Na época, eles eram consultados sobre questões da sociedade, e suas respostas eram consideradas leis. Assim, a jurisprudência é o conjunto de reiteradas decisões dos tribunais sobre certa matéria, refletindo um posicionamento desses órgãos julgadores. Sua importância no direito é evidenciada justamente na aplicação do direito aos casos concretos. Quanto às decisões judiciais, em todas as esferas, a jurisprudência serve como fundamento dessas decisões.

3. d
4. d
5. b

Questões para reflexão

1. Na pesquisa de doutrina, as obras devem ser selecionadas conforme o assunto de que tratam. É possível realizar a pesquisa com base no assunto ou no dispositivo legal. Nos casos de pesquisa por assunto, é possível buscar por palavras-chave no índice remissivo. Em situações de pesquisa por dispositivo legal, como um artigo de lei, a

opção por códigos comentados também pode facilitar a tarefa.

Os índices remissivos estão localizados no final das obras e trazem a relação das palavras e, por conseguinte, os assuntos examinados, com a indicação das páginas em que tais pontos foram abordados pelo autor.

Os códigos comentados podem facilitar a pesquisa de doutrina quando se busca especificamente alguma norma. Há diversos códigos comentados, como o Código Civil, o Código Penal, o Código de Processo Civil, o Código de Processo Penal e o Código de Defesa do Consumidor. Nessas obras, os autores fazem uma análise e apresentam seu posicionamento sobre as leis, artigo por artigo, facilitando a pesquisa.

2. A pesquisa da jurisprudência é feita, hoje, exclusivamente por meio dos *sites* dos tribunais, nos quais se reservam campos específicos para esse fim. Essas ferramentas são formuladas de forma a permitir o amplo acesso aos julgados, muitos dos quais apresentam a prévia formatação para citação.

Nesses portais, o usuário deve preencher o campo de pesquisa com palavras-chave para efetuar a pesquisa por determinado assunto. Existem também ferramentas para filtrar ou refinar a pesquisa, que possibilitam especificar os tipos de decisão, o órgão julgador e até mesmo o relator.

Capítulo 7

Questões para revisão

1. As peças jurídicas podem ser: despachos de mero expediente, decisões interlocutórias e decisões terminativas (sentenças e votos). Os despachos de mero expediente são aqueles que não têm nenhum conteúdo decisório e, portanto, não provocam prejuízos para as partes. Sua finalidade é impulsionar o processo e impedir eventuais vícios ou irregularidades. As decisões interlocutórias resolvem questões que surgem durante o processo. As decisões terminativas, por sua vez, como o próprio nome indica, são aquelas que põem fim a um processo: a sentença e o acórdão. As peças jurídicas sempre devem ser produzidas

de acordo com a orientação e o entendimento do julgador e sob sua supervisão.
2. Não. Os despachos de mero expediente não têm cunho decisório e têm a finalidade de impulsionar o processo e impedir eventuais vícios ou irregularidades. Não são decisões judiciais e, por conseguinte, não se aplica a eles a determinação do art. 93, inciso IX, da Constituição Federal (Brasil, 1988). Outra característica do despacho de mero expediente é sua irrecorribilidade, ou seja, não cabe recurso contra esse ato, conforme prevê, expressamente, o art. 1.001 do Código de Processo Civil – Lei n. 13.105/2015.
3. c
4. a
5. d

Questões para reflexão
1. Os documentos oficiais devem caracterizar-se por impessoalidade, uso do padrão culto de linguagem, clareza, concisão, formalidade e uniformidade, atributos decorrentes dos princípios que regem a Administração Pública, previstos no art. 37 da Constituição Federal.

"Um ato normativo, seja ele de qualquer natureza, não pode ser redigido de forma obscura e que dificulte ou impossibilite a compreensão" (Brasil, 2002). A clareza do sentido e a coerência são requisitos essenciais dos atos normativos, pois é inaceitável que um texto legal não seja entendido por seu destinatário. A impessoalidade, a clareza, a uniformidade, a concisão e o uso de linguagem formal devem ser aplicados de modo a permitir uma única interpretação às comunicações.

2. Existem os atos de documentação do processo, que "São realizados pelo Cartório (Justiça Estadual) ou Secretaria (esta, na Justiça Federal): mandados (citação, intimação, prisão, alvarás, carta precatória, carta de ordem, carta rogatória, carta de arrematação etc.)" (Paraná, 2017).

Os termos processuais são "atos realizados pelo escrivão ou por serventuários da justiça e destinados à documentação do processo: termo de autuação, de juntada, de remessa, de apensamento, de desentranhamento, de vista, de conclusão, de recebimento, de compromisso (fiel depositário, curador), de audiência (se documenta o ocorrido na audiência), de interrogatório (interrogatório do réu)" (Paraná, 2017).

Existem ainda os atos processuais de comunicação, realizados com o intuito de dar conhecimento às partes sobre algo ocorrido no processo, como a confecção de mandado de citação, a ser cumprido pelo oficial de justiça, ou o encaminhamento de um despacho no órgão oficial para publicação. Esses atos são indispensáveis para que os sujeitos do processo possam exercer seus direitos e articular seu modo de agir no desenrolar da ação. Os mais frequentes atos de comunicação no processo são a citação e a intimação.

Por fim, há os atos de logística, que são atos de assessoria ao juiz, como o recebimento e o depósito de valores entregues pelas partes, a presença em audiência lavrando os termos e as certidões dos fatos ocorridos em sua presença.

Esses atos podem ser realizados por servidores justamente para agilizar a prestação jurisdicional, pois, do contrário, se fossem todos concentrados apenas na atribuição dos julgadores, as demandas demorariam muito mais para tramitar.

Capítulo 8

Questões para revisão

1. "O servidor público responde civil, penal e administrativamente pelo exercício irregular de suas atribuições", conforme o art. 121 da Lei n. 8.112/1990 (Brasil, 1991). A mesma lei também estabelece, em seu art. 122, que: "A responsabilidade civil decorre de ato omissivo ou comissivo, doloso ou culposo, que resulte em prejuízo ao erário ou a terceiros". Isso significa que o servidor público responderá nas três esferas – administrativa, civil e penal – se houver irregularidades no exercício de suas funções. Essas irregularidades podem ser efetivadas por uma ação ou omissão do profissional, de forma intencional

ou culposa (negligência, imprudência ou imperícia), que ocasione prejuízo à Administração Pública ou a qualquer cidadão.

2. Nesses casos, o Estado deve responder pelos danos de seus agentes, independentemente de culpa ou dolo. Contudo, apurada a responsabilidade do servidor, a Administração Pública tem o chamado *direito de regresso* contra o servidor que causou o dano, na hipótese de este ter agido com dolo ou culpa, nos termos do disposto no art. 37, parágrafo 6º da Constituição Federal (Brasil, 1988).

3. b
4. a
5. c

Questões para reflexão

1. "O processo administrativo disciplinar é o instrumento destinado a apurar a responsabilidade do servidor por infração praticada no exercício de suas atribuições ou que tenha relação com as atribuições do cargo em que se encontre investido" (Brasil, 1991). Sua finalidade não é apenas apurar a culpabilidade do servidor acusado de falta, mas também oferecer-lhe oportunidade de provar sua inocência.

Nesse contexto, "A autoridade que tiver ciência de irregularidade no serviço público é obrigada a promover sua imediata apuração, mediante sindicância ou processo administrativo disciplinar" (Brasil, 1991). Esse poder-dever surge justamente da obrigação que a autoridade tem de apurar a eventual irregularidade, pois, do contrário, estará sendo conivente com o ilícito e também deverá ser responsabilizada por sua omissão.

2. Na hipótese de instauração de processo disciplinar, a autoridade competente deve emitir uma portaria com a designação de uma comissão para apuração da irregularidade apontada. Essa comissão deve ser composta por três membros, servidores efetivos do quadro do órgão ou entidade, que poderão ser dispensados das atribuições normais de seus cargos até a apresentação do relatório final.

Nas situações em que tenha sido realizada sindicância previamente ao processo administrativo disciplinar, seus autos devem ser encaminhados à comissão, somente na condição de peça informativa, que passará a fazer parte do processo instaurado.

O julgamento do processo administrativo disciplinar cabe à autoridade que determinou sua instauração, e essa decisão deve ser proferida em 60 (sessenta) dias, a partir do recebimento do processo, com publicação obrigatória no *Diário Oficial*.

Nas situações em que infração disciplinar configure crime previsto lei, a autoridade administrativa julgadora deve determinar a remessa dos autos suplementares do processo administrativo ao Ministério Público.

O motivo de não haver a responsabilização penal é a diferença entre as esferas. No processo administrativo disciplinar, os desvios de conduta do servidor são processados e julgados administrativamente. As punições são somente administrativas e não cabe a prisão; após o encerramento do processo, em se tratando de prática de crime, o Ministério Público deve ser comunicado e, somente então, com a instauração de ação penal e eventual condenação, pode ser aplicada uma pena de prisão.

Carlos Eduardo Massad é bacharel em Direito pela Universidade Tuiuti do Paraná (UTP), bacharel e licenciado em Ciências Biológicas pela Pontifícia Universidade Católica do Paraná (PUCPR), especialista em Ecoturismo com habilitação em Magistério Superior pelo Instituto Brasileiro de Pós-Graduação e Extensão (Ibpex) e em Atualização e Aperfeiçoamento Jurídico pelo Centro de Estudos Jurídicos Prof. Luiz Carlos. Foi aprovado em concurso público para exercer cargo de oficial judiciário do quadro de servidores do extinto Tribunal de Alçada do Estado do Paraná (TAPR). Atualmente, exerce cargo de assessor de desembargador no Tribunal de Justiça do Estado do Paraná (TJPR).

sobre o autor

Os papéis utilizados neste livro, certificados por instituições ambientais competentes, são recicláveis, provenientes de fontes renováveis e, portanto, um meio responsável e natural de informação e conhecimento.

MISTO
Papel produzido a partir de fontes responsáveis
FSC® C103535

Impressão: Reproset
Outubro/2021